工会工作实务操作流程丛书

基层工会组建流程图示与范例

第2版

本书编写组 ◎ 编

JICENG GONGHUI ZUJIAN
LIUCHENG TUSHI YU FANLI

中国工人出版社

修订说明

为适应新形势新任务对工会工作提出的新要求,我们组织力量对"工会工作实务操作流程丛书"进行了全面修订。本次修订坚持以习近平新时代中国特色社会主义思想为指导,认真贯彻习近平总书记关于工人阶级和工会工作的重要论述,按照中央党的群团工作会议精神,围绕保持和增强工会工作和工会组织的政治性、先进性、群众性要求,坚持问题导向、实践导向、需求导向。

本丛书修订的重点和焦点问题有:一是根据党的十九大精神和中国工会十七大精神调整了工会工作的一些表述;二是根据新时代工会工作的内容和工会改革的任务,增补了主要相关内容;三是依据《中国工会章程》《工会基层组织选举工作条例》《基层工会会员代表大会条例》《全国模范职工之家、全国模范职工小家、全国优秀工会工作者评选表彰管理办法》《中华全国总工会关于加强专职集体协商指导员队伍建设的意见》等最新文件精神对内容进行了相应调整。

本丛书由赵振洲、胡昌平组织实施,在丛书修订过程中得到了中华全国总工会相关部门的大力支持,在此谨致诚挚的谢意。

由于编者水平有限,本书难免存在不足和疏漏之处,敬请广大工会工作者和读者朋友们批评指正。

编　者

2021 年 1 月

目录 CONTENTS

基层工会组建工作总流程 ……………………………… 001
工会会员会籍管理工作流程 …………………………… 012
会员代表选举流程 ……………………………………… 018
民主推荐委员候选人流程 ……………………………… 025
会员（代表）大会筹备阶段流程 ……………………… 031
会员（代表）大会预备会议阶段流程 ………………… 041
会员（代表）大会会议阶段流程 ……………………… 055
选举工作流程 …………………………………………… 069
工会委员会（届中）会议流程 ………………………… 079
会员（代表）大会会后工作流程 ……………………… 083
基层工会组建工作机制 ………………………………… 089
基层工会组织制度 ……………………………………… 094
基层工会主席队伍建设 ………………………………… 103
基层工会作用的发挥 …………………………………… 109
违反基层工会组建相关规定的法律责任 ……………… 114

附 录

中国工会章程 …………………………………………… 121
工会基层组织选举工作条例 …………………………… 141

基层工会会员代表大会条例 ·················· 150
中华全国总工会关于进一步加强企业工会工作充分
　发挥企业工会作用的决定 ·················· 160
中华全国总工会关于加强和改进新形势下工会自身
　建设的决定 ·························· 167
中华全国总工会关于坚决纠正在企业改革改制中撤销
　工会组织、合并工会工作机构问题的通知 ········ 183
中华全国总工会关于加强小企业工会联合会
　建设的意见 ·························· 187
中华全国总工会关于组织劳务派遣工加入工会的
　规定 ······························ 192

基层工会组建工作总流程

图示

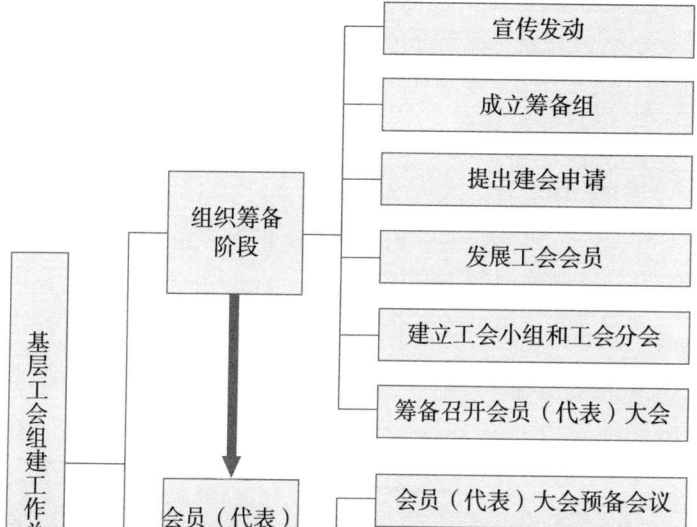

图示解说

1. 宣传发动

启发职工加入工会、建立工会组织的自觉性是基层工会建立的重要基础性工作。上级工会、基层党组织可以采取举办工会知识专题讲座、发放资料、个别交流、微信、工会门户网站等多种形式,向广大职工宣传关于基层工会组建的有关法律法规,宣传工会的性质、地位、作用,宣传工会的权利和义务,宣传组建工会的目的和意义。

2. 成立筹备组

工会组建筹备组人员通常由上级工会代表、党组织负责人、会员代表组成,其中会员代表不少于筹备组人数的三分之一。工会筹备组的主要任务是:负责工会筹备期间的各项具体工作;负责组织职工申请入会;负责推荐工会委员候选人;在基层工会委员会选举之前,完成建会筹备工作。

3. 提出建会申请

筹备组应代表职工会员以书面形式,及时向上级工会提出建立工会组织的申请;上级工会应在最短时间内对筹备组成员进行审查并以书面形式作出批复。行政部门应为上级工会指导帮助职工建会创造条件,对职工表明支持建会的态度,主动安排时间和场所,积极配合上级工会做好工会建立的各项准备工作,并提供一定的物质经费保障。

4. 发展工会会员

基层工会组建筹备组应在对职工深入宣传工会会员权利和义务的基础上，按照《工会法》《中国工会章程》规定，最大限度地把广大职工组织到工会中来。职工加入工会，须由本人自愿申请，填写《工会会员登记表》，由上级工会（或所在地方工会）审查批准，符合条件的，发给《会员证》。

5. 建立工会小组和工会分会

根据单位职工的多少和分布情况，在基层工会委员会成立之前，可成立工会小组和车间（科室）工会分会。工会小组和车间（科室）工会分会的成立，可以先由筹备组负责发展会员，再由会员选举工会小组长和车间（科室）工会分会委员会委员，成立工会小组和车间（科室）工会分会。

6. 筹备召开会员（代表）大会

根据工会会员大会、会员代表大会的不同，基层工会会员的多少以及基层工会的具体情况，筹备工作可有所侧重。总体上应做好以下工作：

（1）向同级党组织和上级工会提出筹备（或建会）申请报告。

（2）建立工会会员（代表）大会筹备机构，成立相应工作小组，如组织工作小组、宣传工作小组、会务保障工作小组等，并明确相关职责。

（3）起草会议有关文件，主要包括会员（代表）大会筹备工作报告，以及需要提交大会讨论的决议草案等。

（4）组织选举会员代表和代表资格审查。

（5）提出大会代表团（组）和大会主席团组成方案。

（6）酝酿工会委员会、主席、副主席，经费审查委员会、主任、副主任候选人预备名单，并报同级党组织和上级工会同意。

（7）编写工会委员会、经费审查委员会候选人名册和简历，供大会代表讨论时用。

（8）提出大会监票、总监票、计票、总计票人建议名单。

（9）做好大会的宣传和会务筹备工作。会务筹备工作主要包括：大会议程、日程安排、选举票箱的准备等。

7. 会员（代表）大会预备会议

预备会议前一般应召开代表团（组）长会议，通报会议的筹备情况，预备会议和大会的主要议题、日程，组织机构与人员方面的事项等。团（组）长会议后，听取各代表团（组）的意见，及时将需要调整的事项进行调整，以使会议有序进行。

预备会议上一般要选举主席团，通过有关组织机构及人员名单，确认联席会议议定的事项等。预备会议选举产生主席团后，要立即召开主席团第一次会议，明确执行主席分工并开展工作。

8. 会员（代表）大会正式会议

基层工会委员会、经费审查委员会、女职工委员会和基层工会主席、副主席由会员（代表）大会民主选举产生。工会委员会和经费审查委员会委员的候选人，通常由工会小组或工会分会提名，经同级党组织和上一级工会审查同意；未建立同级党组织的，征得上一级工会审查同意后确定。基层工会委员会委员、经费审查委员会委员，应在召开的会员（代表）大会上，采取无记名投票方式选举产生。女职工委员会委员由同级工会委员会提名，在充分协商的基础上产生，也可召开女职工大会或女职工代表大会选举产生。工会主席、副主席可以由会员（代表）大会直接选举产生，也可以由工会委员会选举产生。工会经费审查委员会主任、副主任由经费审查委员会选举产生。女职工委员会主任由同级工会女主席或女副主席担任，也可经民主协商，按照相应条件配备。

9. 选举结果报批

选举出的基层工会委员会委员（常务委员会委员）和主席、副主席，按照《中国工会章程》的规定和干部管理权限，应报同级党组织和上级工会审批，并填报委员名单呈报表，工会正、副主席呈报表和两委委员分工情况等。选举出的基层工会委员会委员（常务委员会委员）以及经费审查委员会委员，应以书面形式报上级工会审批。报告内容应写明应到会和实到会的会员（代表）人数、每个委员得票数、本届委员会任职期限。同级党组织和上级工会接到基层工会报告后，应及时以书面形式作出答复，为基层工会开展工作创造条件。

10. 基层工会登记与公布

基层工会经上一级工会批准后，应采取发文、张榜公布或网上发布等形式，向全体会员公布上一级工会批复结果。成立工会委员会之后，要及时凭上一级工会开具的该基层工会组织的介绍信，到基层工会所在地公安部门登记，刻制工会印章，再到银行申请建立工会经费账号。基层工会自成立之日起 60 日内，应向所隶属的地方工会审查登记机关提出工会法人资格登记书面申请，取得《工会法人资格证书》和《工会法人法定代表人证书》。

注意事项

1. 不断创新工会组建方式

要适应基层组织形式和职工就业方式多样化的需要，大胆探索不同的工会组织形式。实践中较为通行的做法有：

（1）大楼（写字楼）模式。即以高知识、高学历、高收入职工为主要对象，以楼宇为单位，将众多小企业组织起来，具有跨行业、无主管上级单位的突出特性。

（2）一条街模式。即以服务业职工为主要对象，以商业街为单位的工会组织形式。

（3）工程项目模式。即以农民工为主体，以工程项目为单位，具有时间性、阶段性特点的工会组织形式。

（4）区域或行业工会形式。按地域相邻、行业相近的要求，依照联合制、代表制的原则，在县级工会及以下联合建立的区域性或行业性工会组织。

（5）社区或方格模式。以辖区内（一个管理方格内）的各类企事业单位及职工为社区工会主要的工作范围和对象的组织形式。

2. 做好流动会员会籍管理

要认真做好会员入会、转会的登记、统计等会籍管理工作，针对基层组织职工流动性大的特点，在会员会籍管理上，要简化手续，按照《中国工会章程》第五条规定："会员组织关系随劳动（工作）关系变动，凭会员证接转。"为加强农民工会员会籍管理工作，要求方便农民工入会和接转会籍，完善"一次入会、持证接转、全国通用、进出登记"的会员会籍管理制度，以利于最大限度地把职工组织到工会中来。

3. 组建工会和选举结果必须报经批准

一些基层工会组建程序可以简化，方法可以灵活多样，但有两点必须要坚持：一是坚持组建工会必须报上一级工会批准。坚持组建工会由上一级工会批准，以维护中华全国总工会的团结统一，防止和避免出现独立工会的现象。二是要坚持工会委员会主席、副主席、委员和经审会主任、副主任、委员选举结果报上一级工会审批。上级工会组织批复后，基层工会才具有合法性，才能享有基层工会的权利和义务。

4. 完善企业工会组织结构

随着产业结构调整和管理工作的规范发展,一些规模比较大、职工人数比较多的基层单位工会,特别是大中型国有企业工会,工会组织体系健全,层级指导及时,能够在党组织领导和行政支持下,独立自主地开展工作,发挥作用比较好。但也有少数企业特别是一些非公企业工会组织还不健全。有的虽然建立了工会组织,但所属的二级及其以下单位没有建立相应的分工会、工会小组,致使企业工会组织体系出现断层,广大一线职工表达意愿和诉求渠道受到限制。因此,要加强分厂、车间(科室)、小组工会建设,不断提高工会组织群众化、民主化水平,提高我国工人阶级的组织程度。

范例

××企业职工申请建立工会组织的报告

××区总工会:

为了更好地维护企业职工的合法权益,协调企业劳动关系,团结和组织职工促进企业发展,根据《中华人民共和国工会法》和《中国工会章程》的有关规定,我单位申请建立基层工会组织。

请审批。

××企业工会筹备组
××××年××月××日

附：××企业的有关资料

单位名称	单位详细地址	邮编	联系人	电话	企业性质	职工人数

关于××企业请示组建工会组织的批复

××（企业）工会筹备小组：

你单位于××××年××月××日关于申请建立基层工会组织的请示已收悉。根据《中华人民共和国工会法》和《中国工会章程》的有关规定，经研究决定，同意你单位在近期建立基层工会组织。

此复

××区总工会（盖章）
××××年××月××日

××企业组建工会组织的筹备工作方案

根据我国《工会法》和全总、××市委、市总工会关于进一步加强工会工作的有关精神，为更好地协调劳资关系，依法维护职工与企业的合法权益，组织职工共谋企业发展，拟筹建企业工会组织。具体筹备方案如下：

一、企业会员（代表）大会拟于××××年××月××日至××月××日召开

二、成立企业工会筹备小组

1. 经由上级工会审查批准，由企业党委研究批准，筹

备小组由×××、×××、×××三位同志组成,其中×××任组长,负责组建工会的全面筹备工作。×××同志负责宣传发动和发展会员,×××同志负责成立工会的材料准备以及与上级工会的联络。

2. 企业工会筹备组在企业党委和上一级工会领导下,在企业范围内广泛动员每一个职工加入工会组织,并依托企业行政管理体制,建立工会小组(分工会)。

三、企业工会的组织网络(如下图所示)

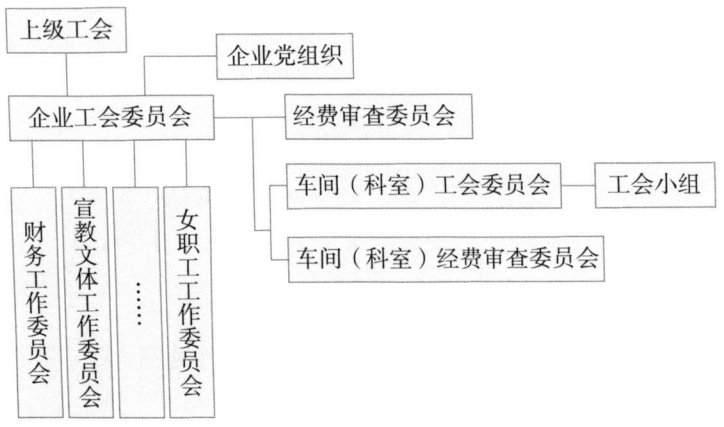

1. 依据《中国工会章程》和《工会基层组织选举工作条例》的有关规定,经企业党委研究同意,企业工会第一届委员会设主席1名,副主席1名,委员×名。正、副主席由大会直接选举产生,工会委员会实行差额选举,差额率不低于5%;经费审查委员会(经审小组)实行等额选举,设主任(组长)1名,委员×名;女职工委员会设主任1名,委员×名。

2. 委员候选人的条件。

（1）候选人应信念坚定、为民服务、勤政务实、敢于担当、清正廉洁，热爱工会工作，受到群众依赖。基层工会委员会候选人中应有适当比例的劳模（先进工作者）、一线职工和女职工代表。

（2）单位行政主要负责人、法定代表人、合伙人以及他们的近亲属不得作为本单位工会委员会委员、常务委员和主席、副主席候选人。

（3）经费审查委员会委员候选人不能同时作为工会主席候选人。

（4）经费审查委员会（经审小组）候选人应具有一定的财务业务知识。

四、委员候选人推荐的办法

1. 各工会小组讨论提出各委员会候选人建议名单上报给工会筹备组。

2. 工会筹备组综合研究各小组意见后，初步确定各委员会候选人建议名单。

3. 将候选人建议名单下发各工会小组讨论，达成共识后报企业党委和上一级工会审查同意。

4. 经企业党委和上一级工会审查同意的候选人建议名单提交会员（代表）大会表决通过。

××企业工会筹备组

××××年××月××日

工会会员会籍管理工作流程

图示

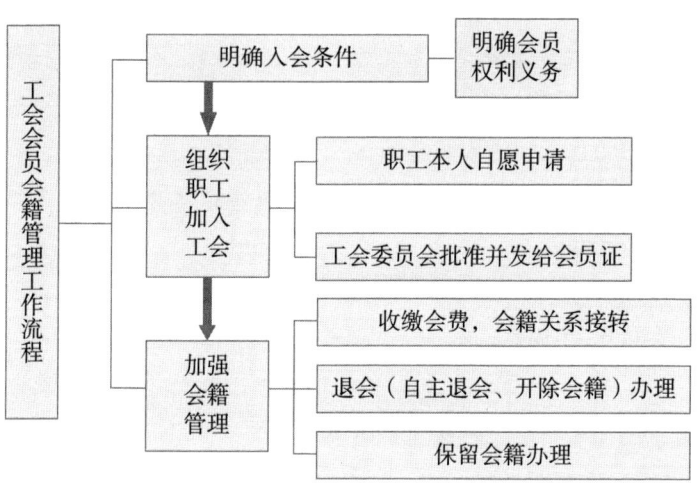

图示解说

1. 入会条件

凡在中国境内的企业、事业单位、机关和其他社会组织中,以工资收入为主要生活来源或者与用人单位建立劳动关系的体力劳动者和脑力劳动者,不分民族、种族、性别、职业、宗教信仰、教育程度,承认工会章程,都可以加入工会为会员。

2. 入会程序

《中国工会章程》第二条规定:"职工加入工会,由本人自愿申请,经工会基层委员会批准并发给会员证。"按照这一规定,凡是符合条件的职工,只要自愿申请,经工会基层委员会批准,都可以成为工会会员。

3. 会员的权利与义务

工会会员的权利主要包括:

(1)选举权、被选举权和表决权。

(2)对工会工作进行监督,提出意见和建议,要求撤换或者罢免不称职的工会工作人员。

(3)对国家和社会生活问题及本单位工作提出批评与建议,要求工会组织向有关方面如实反映。

(4)在合法权益受到侵犯时,要求工会给予保护。

(5)工会提供的文化、教育、体育、旅游、疗休养、互助保障、生活救助、法律服务、就业服务等优惠待遇；工会给予的各种奖励。

（6）在工会会议和工会媒体上，参加关于工会工作和职工关心问题的讨论。

工会会员的义务主要包括：

（1）认真贯彻习近平新时代中国特色社会主义思想，学习政治、经济、文化、法律、科学、技术和工会基本知识等。

（2）积极参加民主管理，努力完成生产和工作任务，立足本职岗位建功立业。

（3）遵守宪法和法律，践行社会主义核心价值观，弘扬中华民族传统美德，恪守社会公德、职业道德、家庭美德、个人品德，遵守劳动纪律。

（4）正确处理国家、集体、个人三者利益关系，向危害国家、社会利益的行为做斗争。

（5）维护中国工人阶级和工会组织的团结统一，发扬阶级友爱，搞好互助互济。

（6）遵守工会章程，执行工会决议，参加工会活动，按月缴纳会费。

4. 加强会籍管理

会员的会籍，是对职工参加工会的会员身份和组织关系的确认。工会会员的会籍管理，包括工会组织办理职工入会手续、管理会员档案、转接会员关系、办理会员保留会籍和开除会员会籍等工作。

职工经批准加入工会的入会申请书和会员登记表作为会员档案材料,由会员所在基层工会组织负责保存管理。基层工会对所管理的会员情况进行统计、登记、建立名册,并按照上级工会的要求,及时掌握会员的流动情况,按时将会员情况统计上报。坚持职工劳动关系在哪里,会员组织关系就在哪里,会员组织关系随劳动关系流动的原则。

注意事项

1. 离休、退休和失业职工的会籍管理

《中国工会章程》第八条规定:"会员离休、退休和失业,可保留会籍。保留会籍期间免交会费。工会组织要关心离休、退休和失业会员的生活,积极向有关方面反映他们的愿望和要求。"

2. 长期借调到外单位工作职工的会籍管理

长期借调到外单位工作的职工,因其组织关系仍在原工作单位,其会籍一般不做处理。如借调单位已建立了工会组织,本人有要求的,并经所借调单位同意,可从原工作单位办理临时工作组织关系,转到借调单位。该会员回原单位工作,及时办理会员组织关系转移手续,在原单位恢复会籍。

3. 返乡农民工的会员会籍管理

对因失去工作岗位返乡的农民工会员,用人单位要及

时为其填写《工会会员证》"组织关系接转"栏目中的相关内容，加盖公章，连同《工会会员登记表》一并交给农民工会员办理会员关系接转手续。应将返乡农民工会员会籍接转至本人所在村（社区）、乡镇（街道）工会管理。

4. 积极探索与创新入会方式

一些地方在改革发展中进行了扫码入会等形式的尝试，应积极进行这方面的探索与创新。

范例

中华全国总工会入会申请书

我自愿加入中华人民共和国工会，遵守《中国工会章程》，执行工会决议，积极参加工会活动，为把我国建设成为富强、民主、文明的社会主义国家而努力奋斗！

申请人：×××
××××年××月××日

工会会员登记表

年　月　日

姓名		性别		出生年月		民族	
籍贯		政治面貌		文化程度		工资	
工作单位及职务							
个人工作简历							
家庭主要成员及其工作单位							
工会小组意见						组长 年　月　日	
车间工会或者基层工会意见						（公章） 年　月　日	
备注							

中华全国总工会制

会员代表选举流程

图示

以分工会（工会小组）为单位，民主推荐代表候选人

↓

综合分工会（工会小组）代表候选人推荐情况，提出代表候选人初步人选

↓

将初步人选提交各分工会（工会小组）征求意见，确定代表候选人预备人选

↓

征得同级党组织审核同意后，报上级工会审查同意

↓

召开工会会员大会，选举正式代表

↓

向同级党组织和上级工会报告选举结果，填报代表登记表

图示解说

1. 民主推荐代表候选人

按照上级工会代表名额分配及代表构成条件,公布代表名额、代表构成、代表条件,以分工会为单位,组织会员群众民主推荐代表候选人。

2. 提出代表候选人初步人选

综合各分会工会(工会小组)代表候选人推荐情况,按照差额率不低于15%的比例,提出代表候选人初步人选,以分工会(工会小组)为单位,广泛征求各方面意见。

3. 确定代表候选人预备人选

收集各分工会(工会小组)反馈意见,确定代表候选人预备人选。如果代表候选人初步人选发生变化,应再次征求各分工会(工会小组)意见。

4. 报同级党组织和上级工会审核

向同级党组织和上级工会报告代表候选人推荐情况、代表候选人个人情况和选举代表工作的方案。经同级党组织和上级工会审核同意后,起草选举办法(草案)等选举文件,做好选举代表的准备工作。

5. 选举代表

由基层工会委员会召集,召开会员(代表)大会,采取无记名投票差额选举方式选举正式代表。

6. 报送选举结果

向同级党组织和上级工会报告选举结果，报告内容包括会议形式、代表选举过程、当选结果，按要求填报代表登记表。同时，要向下级工会公布选举结果。

注意事项

1. 代表的选举产生

会员代表应由会员民主选举产生。会员代表的候选人，由其所在单位分工会组织，按照基层工会确定的代表候选人名额和代表条件与差额率不低于10%，酝酿推荐提出名单，报同级党组织和基层工会审核同意后，由代表所在单位的会员（代表）大会，采取无记名投票差额选举产生，差额率不低于15%。代表的候选人不限于本选区工会会员。

2. 选举过程及结果公示

在代表候选人推荐产生和选举结果出来后，要及时公开公示，接受广大会员的监督。

3. 自觉接受党组织的领导和上级工会工作指导

在选举代表前，应及时向同级党组织和上一级工会报告，制订选举工作方案和选举办法，经审核同意后，方可进行代表选举工作。

4. 列席代表、特邀代表

基层工会代表大会举行会议时，本届基层工会经费审查委员会应列席会议。一般每届首次会议可邀请本单位原工会领导参加会议。

5. 通知所有应到会人员参加

在选举前，应当通知到应参加选举的每一位会员（代表）。

> **范例**

会员代表选举办法

根据《中国工会章程》《基层工会会员代表大会条例》《××××工会组织工作细则》及上级工会有关规定，制定本办法。

1. 出席××××工会第××次代表大会的代表，均由××××工会第×次会员（代表）大会（或会员代表会议）选举产生，选举工作由大会主席团（工会委员会）主持。

2. 按照代表名额分配，应选举出席上级工会第×次代表大会代表×名，按照差额率不低于5%的比例要求，提名候选人×名。

3. 选举代表均采取无记名投票方式选举产生，代表候选人名单交代表充分酝酿讨论后，由大会主席团（工会委员会）根据多数代表的意见，确定正式候选人名单，提交大会正式选举。

4. 凡出席本次代表大会的正式代表均有选举权和被选举权。凡××××工会的会员均有被选举权（保留会籍者除外）。参加选举的正式代表必须超过应到会正式代表的三分之二，方可进行选举。

5. 大会设总监票人1人、监票人×人，在大会主席团（工会委员会）领导下，负责对大会选举的全过程进行监督。总监票人、监票人经代表大会表决通过后行使职权。总计票人、计票人由大会主席团（工会委员会）在工作人员中指定。代表候选人不得担任监票、计票工作。

6. 大会选举，要体现选举人的意志。选举时，选举人有权对选票上的候选人表示同意、不同意或弃权。对候选人同意的，在其姓名的上方空格内画"○"；不同意的，在其姓名的上方空格内画"×"；弃权的，不画任何符号。如另选他人，可在另选人的空格内写上被选人的姓名，并在其姓名上方空格内画"○"。弃权的不得另选他人。填写选票一律使用钢笔或圆珠笔，符号要准确，字迹要清楚，不要画在两个名字中间。书写模糊不清，无法确认的部分，按弃权处理。每张选票所选人数，等于或少于规定应选人数的为有效票，超过规定应选人数的为无效票。凡因事、因病等原因不能出席大会的代表不参加投票。

7. 投票前，由监票人当众检查票箱，确认空箱后，加锁、贴封。投票时，总监票人、监票人、主席团成员（工会委员会委员）先行投票，然后各代表团（组）依次按指定的路线和顺序进行投票。投票结束后，监票人当众打开票箱，由监票人和计票人共同清点票数后，由总监票人报告大会主席团（工会委员会）。收回的选票等于或少于发出的选票数，选举有效。多于发出的选票数，则选举无效，应重新进行选举。

8. 选举结果，当选人的同意票数需要超过应到会代表的半数，得同意票超过半数的候选人超过应选人名额时，由得同意票多的当选。如果同意票数相等不能确定当选人时，以不同意票少的当选；不同意票也相等时，对票数相等的候选人重新投票选举。得同意票超过半数的候选人少于应选人名额时，对不足的名额另行选举。

9. 计票结束，由总监票人向大会主席团（工会委员会）报告计票结果，由大会主持人向全体代表报告当选结果。

10. 本办法的未尽事宜由大会主席团（工会委员会）研究处理。本选举办法经代表大会通过后生效，解释权属于大会主席团（工会委员会）。

会员代表登记表

××××工会第××次代表大会
代表登记表

选举单位 _____

姓　　名 _____

年　月　日

××××工会制

姓　名		性别		出生年月		民族	
籍　贯		文化程度			政治面貌		
参加工作时间		专业技术职称			联系方式		
工作单位及工会内外职务							
主要工作简历							
主要表现							
受过何种奖励处分							
所在单位工会意见							

民主推荐委员候选人流程

图示

根据委员会组成及委员构成条件，以分工会（工会小组）为单位，民主推荐委员候选人

综合各分工会（工会小组）委员候选人推荐情况，提出委员候选人初步人选

收集各车间工（分）会（工会小组）意见，确定委员候选人预备人选

报同级党组织和上级工会审查同意

提交工会会员（代表）大会表决通过，进行正式选举

图示解说

1. 民主推荐委员候选人

按照确定的委员名额及构成条件，公布委员名额、构成及条件，以分工会（工会小组）为单位，组织会员群众民主推荐委员候选人。

2. 提出委员候选人初步人选

综合各分工会委员候选人推荐情况，按照差额率不低于10%的比例，提出委员候选人初步人选，以分工会（工会小组）为单位，广泛征求各方面意见。

3. 确定委员候选人预备人选

综合分工会（工会小组）反馈意见，确定委员候选人预备人选。如果委员候选人初步人选发生变化，应再次征求各分工会（工会小组）意见。

4. 报同级党组织和上级工会审查同意

向同级党组织和上级工会报告委员候选人推荐情况、委员候选人个人情况，请示同级党组织和上级工会审查同意。

5. 提交工会会员（代表）大会进行选举

先将委员候选人建议名单提交工会会员（代表）大会主席团进行讨论，后提交会员代表进行讨论，综合代表讨论意见，经主席团研究后确定为正式候选人建议名单，提交大会进行表决通过后正式选举。

注意事项

1. "两委会"委员候选人提名推荐的程序不完全相同

工会委员会的委员候选人,应经会员充分酝酿讨论,一般以工会分会或工会小组为单位推荐。由上届工会委员会或工会筹备组根据多数工会分会或工会小组的意见,提出候选人建议名单,报经同级党组织和上一级工会审查同意后,提交会员大会或会员代表大会表决通过。

常务委员会委员、主席、副主席候选人,可以由上届工会委员会或工会筹备组根据多数工会分会或工会小组的意见提出建议名单,报经同级党组织和上一级工会审查同意后提出;也可以由同级党组织与上一级工会协商提出建议名单,经工会分会或工会小组酝酿讨论后,由上届工会委员会或工会筹备组根据多数工会分会或工会小组的意见,报经同级党组织和上一级工会审查同意后提出。

根据工作需要,经上一级工会与基层工会和同级党组织协商同意,上一级工会可以向基层工会推荐本单位以外人员作为工会主席、副主席候选人。

工会经费审查委员会由会员大会或会员代表大会选举产生。主任、副主任可以由经费审查委员会全体会议选举产生,也可以由会员大会或会员代表大会选举产生。

"两委会"委员候选人提名推荐过程中要做好公开公示,接受广大会员的监督。

2. "两委会"委员名额的确定

工会委员会委员名额一般根据会员人数多少,并征得同级党组织和上级工会同意后确定。各级经费审查委员会人数应不少于同级工会委员会委员总数的20%。

3. "两委会"届期

工会基层委员会和经费审查委员会每届任期三年至五年,具体任期由工会会员(代表)大会决定。任期届满,应当如期召开会议,进行换届选举。在特殊情况下,经上一级工会批准,可以提前或者延期举行。

范例

关于审查××××工会第×届委员会和经费审查委员会委员候选人建议名单的请示

××××(上级)工会:

经××××(上级)工会和××××(本单位)党委(党组、总支、支部)同意,××××工会将召开第×届代表(会员)大会,选举产生第×届工会委员会和经费审查委员会,根据《中国工会章程》《工会基层组织选举工作条例》的规定,本届工会委员会委员人数为××人,差额为×人,候选人人数为××人;经费审查委员会委员人数为××人,差额为×人,候选人人数为××人。

经过×上×下,民主推荐,确定×××、×××、××
×、×××、×××、×××等××位同志为工会委员会委员候选人,×××、×××、×××、×××等××位同志为经费审查委员会委员候选人建议人选。候选人建议人选基本情况附后。

当否,请予审查。

××××工会委员会(筹备小组)

××××年××月××日

企业工会委员会委员、主席、副主席及经费审查委员会委员、主任候选人基本情况一览表

项目 人选	姓名	性别	民族	出生年月	文化程度	政治面貌	工作部门及职务职称	参加工作时间	加入工会时间	工资	赞成票数	备注
主席 候选人												
副主席 候选人												
委员 候选人												
经审委 主任 候选人												
经审委 委员 候选人												
工会 小组 意见	组长签名: 年 月 日											

注:此表须一式两份填报。

企业工会第×届委员会委员候选人和经费审查委员会委员候选人简历（基本情况）确认表

姓名		性别		出生年月		民族	
现住址						邮编	
籍贯		学历		职称		参加工作时间	
入党时间		加入工会时间		工作部门及职务			
本人简历							
企业档案部门意见							
		签字（或盖章） 　年　月　日				本人签字 　年　月　日	

会员（代表）大会筹备阶段流程

图示

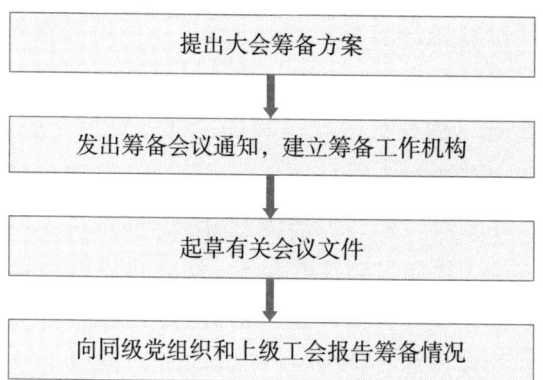

图示解说

1. 提出大会筹备方案

工会要及时提出大会筹备工作方案，向党政主要领导汇报，向上级工会请示。筹备方案的主要内容：大会的指导思想;总体时间进度安排;代表的比例和人数,选举和相关安排;委员会、常委会和经费审查委员会的设置及任期;筹备工作组织领导机构。向上级工会请示的主要内容:大会的指导思想;会议时间安排;代表人数和构成比例及产生办法;委员会、常委会和经费审查委员会的设置及任期。

2. 发出筹备会议通知,建立筹备工作机构

通知的主要内容应该有:大会的指导思想;会议时间安排;代表人数、名额分配和构成比例及产生办法;委员会、常委会和经费审查委员会的设置;民主推荐委员候选人安排;具体事项进度安排。按照筹备会议通知要求,指导所属各选区做好代表选举和民主推荐委员候选人工作。成立大会筹备办公室,按照工作任务分工,设立会务秘书组、组织组、宣传组、生活保卫组。按照进度安排,定期召开筹备会,协调大会各项筹备工作顺利开展。通过图板、宣传栏、座谈会等宣传阵地,总结上届工会工作成绩,宣传工会工作发展前景,为召开工会会员(代表)大会营造良好的舆论氛围。按照有关规定,组织代表选举,推荐工会委员会和经费审查委员会"两委会"委员候选人。

3. 起草有关会议文件

认真开展调查研究,集思广益,起草好委员会工作报告、经费收支预决算情况报告及经费审查委员会工作报告。严格按照民主程序和制度要求,起草好选举办法(草案),

准备好选举工作的各项文件表格。

4. 向同级党组织和上级工会报告筹备情况

汇报的主要内容：会议的整体筹备情况；代表选举情况；"两委会"委员候选人推荐情况及"两委会"委员候选人简介；会议日程安排；其他需要报告的问题。

筹备工作就绪，征得单位党组织和上级工会同意，发出召开大会的通知。通知内容：会议时间、地点、参会人员范围、报到时间、地点、联系人、着装要求及其他注意事项。

注意事项

1. 筹备工作时间节点的把握

提出大会方案，经同级党组织和上级工会批复后，立即下发筹备召开大会的通知，布置代表和"两委会"委员候选人推荐工作，同时布置安排好大会宣传工作，为大会的召开营造氛围。代表的选举和"两委会"委员候选人推荐可同步进行［"两委会"委员候选人不限于工会会员（代表）大会代表］，以提高工作效率。代表选举和"两委会"委员候选人推荐的同时，应着手起草大会各种文件，提出主席团成员、正副秘书长、代表团（组）分组方案及团（组）长建议名单等。在召开大会前10天左右应向同级党组织和上级工会汇报大会筹备工作情况，听取上级组织的意见，以便及时对有关工作进行调整完善。在召开大会前一周左右,确定开会时间、地点及有关会务工作,发出召开大会通知,以便参会人员安排参会事宜。

2. 明确会议文件发放顺序及发放对象

工会会员(代表)大会应按民主程序确定会议文件发放顺序及发放对象。按照权限,未经上届工会委员会(常委会)或大会主席团研究通过的文件不得发放给全体代表。比如大会主席团执行主席分工建议名单须经大会主席团第一次会议通过后方可发给全体代表。

3. 做好会务、宣传等工作

为提高会议质量,应注重各项工作细节的把握和控制,做好会场环境布置、座序安排、会议接待准备,音响、照明调试,宣传标语、图板制作及布展,票箱及有关选举用品的准备等。

范例

关于召开××××工会第×次代表大会的请示

××××(上级)工会:

××××工会第×届委员会和经费审查委员会,是由××××年××月召开的××××工会第×次代表大会选举产生的,根据《中国工会章程》《基层工会会员代表大会条例》及有关规定,××××年××月任期届满。经××××工会研究,报经××××党委同意,拟于××××年

××月下旬召开×××工会第×次代表大会。现将有关事宜请示如下：

1. 大会的指导思想和主要任务

……

2. 大会的议程

审议和批准×××工会第×届委员会的工作报告；审议和批准×××工会第×届委员会经费收支预决算情况报告和经费审查委员会的工作报告；选举×××工会第×届委员会和经费审查委员会。

3. 代表名额、构成及产生办法

（1）代表的名额及构成。×××工会现有会员××名，根据××规定，结合自身实际，本次代表大会拟选正式代表××名，约占会员总数的×%。代表的构成为：工会专职干部和工会积极分子占×%以上，中层以上管理人员和领导人员不超过20%，青年职工、劳模先进、女职工和少数民族会员代表各占一定的比例。代表名额原则上按照各车间工（分）会的会员人数和有关比例要求分配，适当照顾会员人数较少的单位。

（2）代表的产生办法。各车间工（分）会根据分配的名额及构成比例，通过民主程序提出代表候选人推荐名单（按照差额率不低于15%的比例提名推荐），并依次报经同级党组织审核，报×××工会同意后，以各车间工（分）会为选举单位，召开工会会员（代表）大会或会员代表会议，采取无记名投票方式差额选举产生。

4. 第×届工会委员会和经费审查委员会的组成、选举

及任期

(1) 根据有关规定,结合自身实际,××××工会第×届委员会拟设委员×名,根据工会委员会委员实行差额选举,差额率不低于5%的规定,按照民主程序提出候选人×名。××××工会第×届经费审查委员会拟设委员×名,实行等额选举,按照民主程序提出候选人×名。

(2) ××××工会第×届委员会常务委员会拟设常务委员×人。××××工会第×届委员会拟设主席1人,副主席×人。××××工会第×届经费审查委员会拟设主任1人,副主任×人。××××工会常务委员会委员实行差额选举,差额率不低于10%,主席、副主席和经费审查委员会主任、副主任实行等额选举。

(3) ××××工会第×届委员会和经费审查委员会任期五年。

5. 大会筹备工作机构

为认真做好这次代表大会的筹备工作,拟成立大会筹委会及工作机构,筹委会成员由××××工会领导和工会各部门负责人担任。筹委会下设会务秘书组、组织组、宣传组、生活保卫组,具体负责大会的各项筹备工作。

以上请示当否,请批示。

××××工会委员会
××××年××月××日

关于筹备召开××××工会第×次代表大会的通知

××××（下级）工会：

根据《中国工会章程》及有关规定，经××××工会研究，并报经××××（上级）工会和××××（同级）党委同意，拟于××××年××月召开××××工会第×次代表大会。为做好大会筹备工作，现将有关事宜通知如下：

1. 大会的指导思想和主要任务

……

2. 大会的主要议程

审议和批准××××工会第×届委员会的工作报告；审议和批准××××工会第×届委员会经费收支预决算情况报告和经费审查委员会的工作报告；选举××××工会第×届委员会和经费审查委员会。

3. 代表名额、构成、条件和产生办法

（1）代表的名额及构成。××××工会第×次代表大会拟选正式代表×名，约占会员总数的×‰。代表的构成为：工会专职干部和工会积极分子占×%以上，中层以上管理人员和领导人员不超过20%，青年职工、劳模先进、女职工和少数民族会员代表各占一定的比例。代表名额原则上按照各车间工（分）会的会员人数和有关比例要求分配，适当照顾会员人数较少的单位。

（2）代表条件。会员代表应该具备以下条件：拥护党的领导，有较强的政治觉悟，工会会员，遵守工会章程，按期缴纳会费；在生产、工作中起骨干作用，有议事能力；

关心热爱工会工作，密切联系群众，热心为职工群众说话办事；在职工群众中有一定威信，受到职工群众依赖。

（3）代表的产生办法。各车间工（分）会根据分配的名额及构成比例，在组织会员群众或会员代表酝酿讨论的基础上，提出代表候选人推荐名单（按照多于应选名额10%的比例提名推荐），并依次报经同级党组织审核，报×××工会同意后，以各车间工（分）会为选举单位，召开工会会员（代表）大会或会员代表会议（会员代表会议的人数不得少于30人），采取无记名投票方式差额选举产生；×××工会领导和部门负责人作为代表候选人推荐人选分配到有关选举单位，与该选举单位的代表候选人一同按照民主程序选举产生。特邀代表由×××工会研究确定。代表的选举工作，须于×××年××月××日前完成。各选举单位工会须于××月××日前将代表登记表（A4纸正反打印，一式一份）和电子文档一并报×××工会。

4.×××工会第×届委员会和经费审查委员会的组成、委员条件和产生办法

（1）工会委员会和经费审查委员会的组成。根据上级有关规定，结合自身实际，×××工会第×届委员会拟设委员×名，根据工会委员会委员实行差额选举、差额率不低于5%的规定，按照民主程序提出委员候选人×名。×××工会第×届经费审查委员会拟设委员×名，实行等额选举，按照民主程序提出委员候选人×名。

（2）工会委员会和经费审查委员会委员的条件。工会委员会委员的条件是：信念坚定、为民服务、勤政务实、敢于

担当、清正廉洁，热爱工会工作，受到职工依赖。基层工会委员会委员候选人中应有适当比例的劳模（先进工作者）、一线职工和女职工代表。单位行政主要负责人、法定代表人、合伙人以及他们的近亲属不得作为本单位工会委员会委员、常务委员会委员和主席、副主席的候选人。工会经费审查委员会委员的条件是：贯彻落实党的路线、方针、政策，坚持正确的政治方向，认真贯彻执行党的路线、方针、政策；热心工会经审工作，熟悉财经政策；能坚持原则，求实公正，廉洁奉公。

（3）工会委员会和经费审查委员会的产生办法。按照德才兼备、结构合理和有利于工作的原则，××××工会第×届委员会委员候选人预备人选采取两下两上、上下结合、反复酝酿、民主推荐的方式产生。各单位工会要充分发扬民主，在广泛征求会员群众意见的基础上，提出推荐名单，于××月××日前报××××工会。××××工会将集中多数单位工会的推荐意见，提出委员会委员候选人初步人选名单，反馈给各单位工会征求意见。各单位工会召开工会委员会对初步人选充分酝酿讨论后，提出推荐名单，于××月××日前报××××工会。××××工会再次集中多数单位工会意见，提出工会委员会委员候选人预备人选名单。××××工会第×届经费审查委员会委员候选人由××××工会与有关单位协商提名推荐。××××工会第×届委员会和经费审查委员会委员候选人预备人选名单报经××××（上级）工会和××××（同级）党委同意，提交××××工会第×次代表大会，采取无记名投票选举方式，选举第×届工会委员会和经费审查委员会。

5. 大会筹备工作的组织领导

为认真做好这次代表大会的筹备工作,成立大会筹委会和工作机构,大会筹委会主任由××担任,副主任由××担任,筹委会成员由×××、×××、×××担任。筹委会下设会务秘书组、组织组、宣传组、生活保卫组,具体负责大会的各项筹备工作。

召开××××工会第×次代表大会是会员群众政治生活中的一件大事,各级工会组织和广大会员群众,要深入学习贯彻××××会议精神,全面贯彻落实党的路线方针政策,广泛宣传上次工代会以来各级工会组织取得的工作成绩,充分发挥广大会员群众在改革发展稳定中的重要作用,以各方面工作的优异成绩,迎接××××工会第×次代表大会的召开。

附:代表名额分配表(略);代表登记表(略)。

××××年××月××日

关于召开××××工会第×次代表大会的决议(草案)

××××第×届委员会第×次全体会议决定,××××工会第×次代表大会于××××年××月上旬在××召开。

大会的主要议程是:审议和批准××××工会第×届委员会工作报告;审议和批准××××工会第×届委员会财务工作报告和经费审查委员会工作报告;选举××××工会第×届委员会和经费审查委员会。

会员（代表）大会预备会议阶段流程

图示

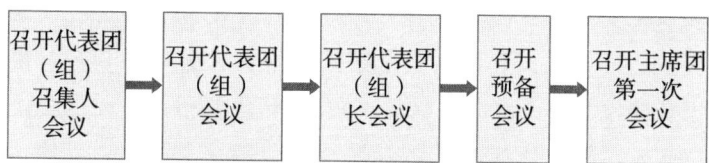

图示解说

1. 召开代表团（组）召集人会议

会议一般由上届工会主席或工会筹备组负责人主持。会议主要内容：简要介绍大会筹备工作情况；通报预备会议日程和大会议程（草案）、日程；布置代表团会议内容；通报大会工作机构；通知各代表团（组）做好代表报到工作。

2. 召开代表团（组）会议

会议一般由代表团（组）长人选主持。会议主要内容：讨论通过本代表团团（组）长、副团（组）长名单；酝酿大会主席团成员和大会秘书长、副秘书长建议名单；酝酿大会议程（草案）；酝酿代表资格审查委员会建议名单（基层工会不设代表资格审查委员会）。

3. 召开代表团（组）长会议

会议一般由上届工会主席或工会筹备组负责人主持。会议主要内容：各代表团（组）长汇报分团（组）会议情况及讨论情况，确认大会主席团成员和大会秘书长、副秘书长建议名单，大会议程（草案），代表资格审查委员会建议名单，提交预备会议通过。

4. 召开预备会议

会议一般由上届工会主席或工会筹备组负责人主持。会议主要内容：听取大会筹备工作报告；通过代表资格审查委员会名单；通过大会主席团成员名单；通过大会秘书长、副秘书长名单；讨论通过《选举办法》；通过大会议程，宣布大会日程（通过确认增补委员的报告，不换届时）；宣布大会注意事项。

5. 召开主席团第一次会议

会议一般由上届工会主席或工会筹备组负责人主持。

会议主要内容：明确大会主席团任务；通过大会执行主席分工名单；听取并通过代表资格审查报告（主席团第一次会议前，大会组织组要向代表资格审查委员会报告代表资格审查情况）。

注意事项

1. 代表团（组）长建议人选的提名

由工会委员会（常委会）与有关单位协商提出代表团（组）长建议名单，经工会委员会（常委会）确认后，分别经过各代表团会议充分酝酿讨论后通过。

2. 大会主席团成员、秘书长、副秘书长的提名

大会主席团成员、秘书长、副秘书长的建议名单由上届工会委员会（常委会）提名，经各代表团（组）酝酿讨论后，提交预备会议通过。大会主席团成员必须是正式代表，名额一般不超过代表总数的15%。主席团成员一般应由工会机关和下属各级工会负责人、党政领导人员和先进模范人物等方面的代表组成。基层工会会员（代表）大会代表较少的，可以不设秘书长、副秘书长。

3. 代表资格审查

基层工会会员（代表）大会不设代表资格审查委员会，代表资格审查由基层工会委员会负责。代表资格审查工作一般由筹备机构中的组织组承担完成，代表资格审查情况

向代表资格审查委员会（基层工会委员会）报告，由代表资格审查委员会（基层工会委员会）将代表资格审查情况提交大会主席团（第一次会议）通过。

4. 届中增补委员情况的确认

在届期内，因工作需要或委员会委员缺额，增选或补选委员，原则上应在会员大会或会员代表大会上选举产生。因特殊情况，如未召开会员大会或会员代表大会而是通过委员会全体会议补选的委员，应当在下一次会员大会或会员代表大会上予以确认。常务委员会委员亦按此办理。

范例

××××工会第×次代表大会议程（草案）

1. 审议和批准××××工会第×届委员会工作报告；
2. 审议和批准××××工会第×届委员会经费收支预决算情况报告和经费审查委员会工作报告；
3. 选举××××工会第×届委员会和经费审查委员会。

××××工会第×次代表大会筹备工作报告

（××××年××月××日）

各位代表、同志们：

××××工会第×次代表大会，在××××党委和上级工会的亲切关怀下，在各级工会组织共同努力下，就要开幕了。现在我受××××工会和大会筹委会的委托，向各位代表报告大会的筹备工作情况。

××××工会第×次代表大会是在××××年××月召开的,根据《中国工会章程》及有关规定,××××工会第×届委员会××××年××月任期届满。今年××月,××××工会委员会(常委会)对召开××××工会第×次代表大会进行了专题研究,并分别向××××党委和上级工会呈报了《关于召开××××工会第×次代表大会的请示》,××××党委和上级工会批复同意后,××××工会于××××年××月××日发出了《关于筹备召开××××工会第×次代表大会的通知》(以下简称《通知》)。为了做好大会的筹备工作,××××工会成立了大会筹备委员会,下设会务秘书组、组织组、宣传组、生活保卫组,制订了筹备工作计划,明确了工作职责。各工作组认真落实"隆重热烈、规范高效、顺畅精彩"的领导要求,按照任务分工,进行了紧张有序的筹备工作。××××工会先后×次召开委员会(常委)会议,对大会代表的选举情况、"两委会"工作报告、"两委会"委员组成方案和会议的有关文件等进行了认真的研究,并于××月××日召开了××××工会第×届委员会全体会议,作出了关于召开××××工会第×次代表大会的决议。在此期间,各单位工会按照《通知》要求,认真进行了选举代表和民主推荐"两委会"委员候选人的工作。经过各级工会组织和各方面的共同努力,大会的各项筹备工作已经全部到位。

1. 关于代表的选举产生。报经××××党委和上级工会同意,××××工会第×次代表大会代表名额为×名,占会员总数的×‰。各级工会组织按照《通知》中规定的代表名额、条件和产生办法，全面贯彻民主集中制原则，经过自下而上充分酝酿，推选出代表候选人预备人选。候选人预备人选经同级党组织审核和××××工会原则同意后，由各单位召开会员（代表）大会或会员代表会议，采取差额选举的办法，以无记名投票方式选举产生了出席××××工会第×次代表大会的正式代表×名。代表中有工会专职干部、党政领导、管理和技术人员、工会积极分子、青年职工、先进模范人物和女职工等。代表的产生和构成符合规定程序和比例要求，充分体现了广泛性、代表性、群众性和先进性。

2. 关于"两委会"委员候选人的推荐。根据有关规定，××××工会结合实际提出了"两委会"名额及构成方案，经××××党委和上级工会同意，××××工会第×届委员会拟由×人组成，按照差额率不低于5%的要求，提出委员候选人×名，差额×名；经费审查委员会拟由×人组成，提出委员候选人×名，实行等额选举。××××工会根据各单位工会的推荐意见，提出了"两委会"委员候选人初步人选，提交××××工会第×届委员会全体会议审议通过。期间，××××工会将"两委会"委员候选人预备人选报××××党委同意后，上报上级工会审核。此名单将提交本次大会主席团讨论通过后，作为建议名单提请大会全体代表进一步酝酿。

3. 关于工会委员会工作报告、经费收支预决算情况报告和经费审查委员会工作报告的起草情况。为了起草好工作报告，××××工会召开委员会（常委会）专题研究，提出了工作报告的指导思想、主要内容和结构要求，并抽调专人组成起草小组，在深入调查研究和多方面听取意见的基础上，组织报告的起草工作。工作报告的主题是：××××。工作报告初稿形成后，经××××工会委员会（常委会）讨论研究，采取座谈会、书面征求意见、派专人到部分单位听取建议等方式，广泛征求各单位工会意见，数易其稿，形成了现在的工作报告。经××××党委原则同意，××××工会第×届委员会全体会议讨论通过，提交大会予以审议。

××××工会第×届委员会对上次工代会以来的经费收支预决算情况进行了认真的数据汇总分析，总结了经验，查找了不足，提出了今后五年加强和改进工会经费收支预决算情况的要求，在此基础上形成了××××工会第×届委员会经费收支预决算情况报告，经××××工会第×届委员会全体会议讨论通过，提交大会予以审议。

××××工会第×届经费审查委员会召开会议对上次工代会以来的经费收支预决算情况进行了认真审查，形成了审查意见；对经审会五年来的经审工作进行了认真总结回顾，并按照上级工会有关要求，根据工会委员会确立的今后五年整体工作思路，提出了今后五年经审工作的主要任务。在此基础上，指定专人起草报告，并印发至经审会委员广泛征求意见，经多次修改，提交××××工会第×届委员会全体会议讨论通过，也将提交大会予以审议。

4. 关于大会的议程、组织机构和要求。大会的主要议程是：审议和批准××××工会第×届委员会工作报告；

审议和批准××××工会第×届委员会经费收支预决算情况报告和经费审查委员会工作报告；选举产生××××工会第×届委员会和经费审查委员会。

这次大会会期两天，总体安排是：今天下午召开预备会议；明天上午召开大会开幕式，下午代表分组讨论，审议"两委会"工作报告和经费收支预决算情况，讨论大会选举事项，进行大会选举；第三天上午进行大会闭幕式。

大会设主席团和秘书长、副秘书长。大会的各项工作在主席团领导下进行，大会秘书处下设会务秘书组、组织组、宣传组、生活保卫，负责大会的具体工作。出席大会的代表按照地区和系统分布划分为5个代表团，各代表团设正、副团长各1名。

各位代表，同志们，这次大会是在××××党委紧密围绕党的路线方针政策，全力推进××××建设的关键时刻召开的一次重要会议，是××××工运史上的一次盛会，也是各级工会组织和广大会员群众政治生活中的一件大事。开好这次大会，对于深入贯彻习近平新时代中国特色社会主义思想，坚定不移地走中国特色社会主义工会发展道路，充分发挥组织、引导、服务职工和维护职工合法权益作用，团结动员广大职工推进集团公司的改革、创新和发展，具有十分重要的意义。

××××党委和上级工会高度重视和关心这次大会，××××党委和上级工会领导多次听取××××工会的专题汇报，及时了解大会的筹备情况，研究大会的有关重大问题。各单位及有关部门对大会的筹备工作给予了大力支持和帮助。在此，我代表筹委会和与会的全体代表向他们的辛勤劳动表示衷心的感谢！

在工代会的筹备过程中，筹委会办公室力求把各项筹备工作做细、做实、做好，但难免会有考虑不周、不妥之处，也请各位代表给予批评指正，提出宝贵意见。本次大会开幕以后，大会筹委会办公室将转为大会秘书处，继续做好大会的有关组织和服务工作。

同志们，在各级组织和广大职工全力以赴保安全、保质量、保稳定、促发展之际，我们齐聚一堂，共商工会工作发展大计，责任重大、使命光荣。希望大家不负会员群众的重托，认真履行代表职责，努力把这次会议开成一个求真务实、继往开来的大会，开成一个鼓舞人心、激发斗志的大会，开成一个民主和谐、团结奋进的大会。

最后，预祝大会圆满成功！

祝各位代表身体健康，工作顺利，生活幸福！

××××工会第×次代表大会代表资格审查委员会关于代表资格的审查报告（草案）

（××××年××月××日）

各位代表：

现将××××工会第×次代表大会代表资格审查委员会关于代表资格审查情况向大会报告如下：

1. 代表名额分配情况

根据有关规定，结合自身实际，××××工会研究决定,××××工会第×次代表大会的代表为××名,占会员总数的×‰。代表分类结构为:工会专职干部占×%,工会积极分子占×%,中层以上管理人员和领导人员占×%,青年职工、劳模先进占×%。其中女职工和少数民族会员占一定比例。上述代表人数和结构比例报经××××党委和上级工会同意后,由××××工会根据各选举单位的会员人数,分配了代表名额。在分配中,适当照顾会员人数较少的单位,并考虑到××××工会机关工会专职干部比较集中的实际情况和工作需要,将××××工会领导和部门负责人划分到有关选举单位参加选举。

2. 代表选举情况

根据《关于筹备召开××××工会第×次代表大会的通知》(以下简称《通知》)要求,××××工会第×次代表大会的代表选举工作于××月××日开始,××月××日全部完成。×个选举单位在代表选举过程中,经过自下而上充分酝酿,按照差额率不低于15%的比例推荐出代表候选人预备人选×名。经同级党组织和××××工会审核同意后,分别召开会员大会或会员代表会议,以无记名投票方式,差额选举产生出席××××工会第×次代表大会正式代表×名。×名代表中,专职工会干部×名,占代表总数的×%;工会积极分子×名,占代表总数的×%;中层以上管理人员和领导人员×名,占代表总数的×%;青年职工、劳模先进×名,占代表总数的×%。女职工代表×名,占代表总数的×%;少数民族代表×名,占代表总数的×%。党员×名,占代表总数的×%;团员×名,占代表总数的×%；非党群众×名，占代表总数的×%。具有大专以上学历的×名，占代表总数的×%；具有高中、中专学历的×名，占代表总数的×%。

3. 代表资格的审查情况

按照有关文件规定，代表资格审查委员会对出席×××工会第×次代表大会代表的资格进行了认真审查。代表资格审查委员会认为，各选举单位工会能够按照民主程序和代表条件，认真做好代表选举工作。注重从政治素质、议事能力、工作实绩、工作需要等方面考虑代表人选，并进行了认真考察，严格把关。选出的×名代表，群众基础好，政治素质高，能代表广大会员群众意愿，符合《通知》中规定的代表条件及构成比例要求。×名代表资格全部有效。

以上报告，提请大会审议。

××××工会第×次代表大会主席团组成方案、产生办法及主要任务

1. 根据全总《工会基层组织选举工作条例》中关于"代表大会主席团"的有关规定，经××××工会第×届委员会（常委会）研究，××××工会第×次代表大会主席团由×人组成。大会主席团成员名单经全体代表酝酿讨论后，提交代表大会预备会议表决通过。

2. 大会主席团实行民主集中制的原则，凡是有关会议的重大问题，都要经过主席团全体会议讨论决定，其主要

任务是：按照××××工会第×次代表大会预备会议通过的《议程》主持大会；组织代表审议××××工会第×届委员会工作报告、经费收支预决算情况报告和经费审查委员会工作报告，并根据多数代表的意见对工作报告进行修改；组织代表审议通过大会选举办法；组织代表对××××工会第×届委员会和经费审查委员会委员候选人建议名单进行充分酝酿讨论，并根据多数代表的意见确定候选人名单；主持大会的选举工作；起草××××工会第×次代表大会的有关决议草案，提请大会审议通过；讨论决定××××工会第×次代表大会的有关重大问题；从新当选的"两委会"委员中分别确定1名委员主持××××工会第×届委员会和经费审查委员会第一次全体会议；研究决定大会其他未尽事项。

××××工会第×次代表大会预备会议日程

时间		会议内容	报告人	主持人	参加人	地点
××月××日	×时—×时	代表团（组）召集人会议 1. 简要介绍大会筹备工作情况。 2. 通报预备会议日程和大会议程、日程。 3. 布置代表团会议内容。 4. 通报大会工作机构。 5. 宣布大会注意事项。			各代表团召集人、工会委员会委员（常委）	
	×时—×时	代表团（组）会议 1. 讨论通过本代表团团长、副团长、组长、副组长名单。 2. 酝酿大会主席团成员和大会秘书长、副秘书长建议名单。 3. 酝酿大会议程（草案）。	各代表团（组）召集人	本团（组）全体代表		各团会议室
	×时—×时	代表团（组）长会议 各代表团汇报讨论情况。			工会委员会委员（常委）	

续表

时间		会议内容	报告人	主持人	参加人	地点
××月××日	×时—×时	预备会议 1. 听取大会筹备工作报告。 2. 通过代表资格审查报告。 3. 通过大会主席团成员名单。 4. 通过大会秘书长、副秘书长名单。 5. 通过《选举办法》。 6. 通过大会议程。 7. 宣布大会日程。 8. 宣布大会注意事项。			全体代表、列席代表	
	×时—×时	主席团第一次会议 1. 明确大会主席团任务。 2. 听取并通过代表资格审查报告。 3. 通过大会执行主席分工名单。			主席团成员	

会员（代表）大会会议阶段流程

图示

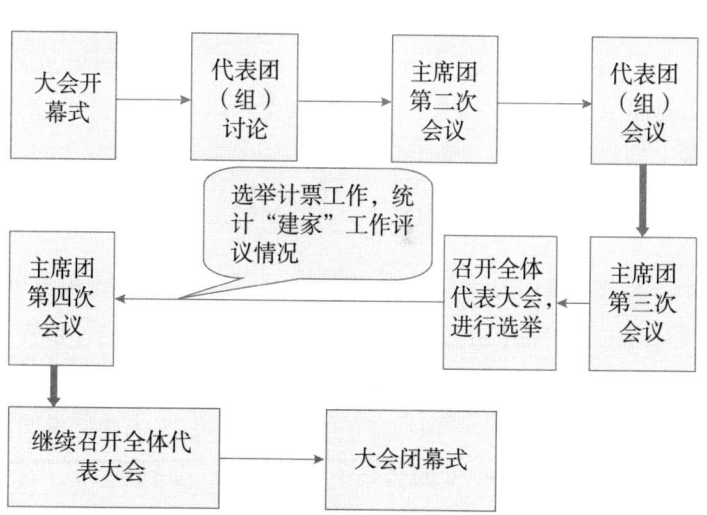

图示解说

1. 大会开幕式

开幕式主要程序：宣布大会开幕，唱《国歌》；上级工会领导讲话；行政领导讲话；团组织祝贺词；（全体代表合影；）听取上届委员会工作报告；听取上届委员会经费收支预决算情况报告（也可书面报告）；听取上届经费审查委员会工作报告（也可书面报告）。

2. 代表团（组）讨论

讨论主要内容：讨论上级领导讲话；审议上届委员会工作报告；审议上届委员会经费收支预决算情况报告；审议上届经费审查委员会工作报告。

3. 主席团第二次会议

会议主要内容：听取各代表团（组）讨论情况汇报；审议通过关于上届委员会工作报告、经费收支预决算情况报告、经费审查委员会工作报告的决议（草案）；审议通过大会选举办法（草案）；听取"两委会"委员候选人建议名单的说明，酝酿通过"两委会"委员候选人建议名单；布置监票人推荐工作。

4. 代表团（组）会议

首先由代表团（组）长传达主席团第二次会议情况，然后进行分组讨论。讨论内容：大会选举办法（草案）；酝酿"两委会"委员候选人建议名单；推荐监票人；审议关于上届委员会工作报告的决议（草案）、关于上届委员会报告的决议（草案）、关于上届经费审查委员会工作报告的决议（草案）。

5. 主席团第三次会议

会议主要内容：听取各代表团（组）关于讨论大会选举办法（草案）、酝酿"两委会"委员候选人建议名单和推荐监票人以及讨论上届委员会工作报告、经费收支预决算情况报告、经费审查委员会工作报告决议（草案）情况的汇报；确定"两委会"委员候选人名单；确定总监票人、监票人建议名单；确定总计票人、计票人名单。

6. 召开全体代表大会，进行选举

会议主要程序：通过大会选举办法；通过总监票人、监票人名单；宣布总计票人、计票人名单；宣布"两委会"委员候选人名单；选举"两委会"委员；民主评议建设职工之家工作、工会工作和工会主席、副主席履职情况；暂时休会，进行计票工作。

7. 主席团第四次会议

会议的主要内容：听取总监票人报告选举计票结果，听取"建家"工作评议结果；确认当选的"两委会"委员名单；确认民主评议建设职工之家工作、工会工作和工会主席、副主席履职结果；指定"两委会"第一次全体会议

主持人。

8. 继续召开全体代表大会

会议主要内容：由总监票人报告"两委会"选举计票结果；宣布建设职工之家工作评议结果；宣布当选的"两委会"委员名单；宣布"两委会"第一次全体会议主持人名单。

9. 大会闭幕式

大会闭幕式一般由新当选的工会主席或委员会第一次全体会议主持人主持。会议主要程序：通过关于上届委员会工作报告的决议；通过关于上届委员会经费收支预决算情况报告的决议；通过关于上届经费审查委员会工作报告的决议；党委书记讲话；宣布大会闭幕，奏《国际歌》或《咱们工人有力量》。

注意事项

1. 高度重视选举工作

选举一个好的工会领导班子是工会会员（代表）大会的重要任务。要把选举工作考虑得细之又细，组织得严谨周密，包括选票根据座位分区域清点装袋；选举实到人员的清点；发放、传递和回收选票时清点得准确无误；检查票箱加封等细节的准备；保证选举按程序周密严谨地进行。

2. 主席台座次安排

主席台座次在大会正式会议期间多次变动，执行主席随日程变化而变化，在开幕式中，上级领导、行政领导、团组织祝贺词后都将离会。这些都将引起主席台座次变动。会议期间，要及时根据日程推进，调整主席台座次安排。

3. 会议时间节点控制

为节约大会时间，提高会议效率，工会委员会经费收支预决算情况报告和经费审查委员会工作报告可做书面报告，直接印发给代表，不用宣读。会务秘书组要及时了解各代表团（组）讨论情况，可根据各代表团（组）讨论情况及时召开主席团第二次、第三次会议，研究处理相关事宜，修改有关文件。

4. 总监票人、监票人的提名推荐

一般监票人由各代表团（组）按照工会委员会或大会筹备组的工作部署，从熟悉选举工作的正式代表中推荐监票人人选。主席团根据各代表团推荐的人选，确定总监票人、监票人建议名单，提交大会表决通过。

5. "两委会"委员候选人名单的提名推荐

由上届工会委员会或大会筹备组根据多数工会分会或工会小组的意见，提出候选人建议名单，报经同级党组织和上一级工会审查同意后，提交会员大会或会员代表大会

表决通过。

6. "两委会"第一次会议召开时间

基层工会"两委会"第一次会议一般在工会会员（代表）大会闭幕式前分别召开，先召开工会经费审查委员会第一次全体会议，后召开工会委员会第一次全体会议。要在工会会员（代表）大会闭幕式上报告"两委会"第一次会议的选举结果。

7. 逐步推进创新与发展

积极推动工会主席直接选举工作。基层工会主席的直选，是推动工会组织建设群众化、民主化的重要内容，是基层民主政治建设的重要内容。要根据上级的部署与安排，严格按照规定在具备条件的单位，开展此项工作。

范例

关于召开××××工会第一次会员代表大会的通知

各工会小组和全体会员：

在各工会小组和全体会员的积极配合下，经过党委、行政和上级工会的共同努力，工会各项筹备工作按原定计划已经圆满地完成。经党组织同意，并请示上级工会批准，决定××××年××月××日××时在公司综合会议室召开××××工会第一次会员大会。这次会议的议程为：

1. 审议和批准企业工会筹备组所做的企业工会筹备工作报告。

2. 选举产生企业工会委员会和经费审查委员会。

3. ……

将要召开的这次会议很重要，请各位小组长通知会议代表，按时参加会议。

××××工会筹备组

××××年××月××日

××××工会第×次代表大会日程

时间		会议内容	报告人	主持人	参加人	地点
× × 月 × × 日	×时 ｜ ×时	大会开幕式 1. 宣布大会开幕，唱《国歌》。 2. 上级工会领导讲话。 3. 行政领导讲话。 4. 团委书记致辞。 5. 全体代表合影。 6. 听取××××工会第×届委员会工作报告。 7. 听取××××工会第×届委员会经费收支预决算情况报告。 8. 听取××××工会第×届经费审查委员会工作报告。			全体代表、特邀代表、列席代表	

续表

时间	会议内容	报告人	主持人	参加人	地点
×月××日 ×时—×时	代表团（组）会议 1. 讨论领导讲话。 2. 审议××××工会第×届委员会工作报告。 3. 审议××××工会第×届委员会经费收支预决算情况报告。 4. 审议××××工会第×届经费审查委员会工作报告。		各代表组组长	本组全体代表、列席代表	
×时—×时	主席团第二次会议 1. 听取各代表团讨论情况汇报。 2. 审议通过关于××××工会第×届委员会工作报告、经费收支预决算情况报告、经费审查委员会工作报告的决议（草案）。 3. 审议通过大会选举办法（草案）。 4. 听取"两委会"委员候选人建议名单的说明，酝酿通过"两委会"委员候选人建议名单。 5. 布置推荐监票人工作。			大会主席团成员	

续表

时间		会议内容	报告人	主持人	参加人	地点
××月××日	×时—×时	代表团（组）会议 1. 传达主席团第二次会议精神。 2. 介绍"两委会"委员候选人的有关情况，布置推荐监票人工作。		各团团长	本团代表、列席代表	
	×时—×时	代表团（组）分组会议 1. 讨论大会选举办法（草案）。 2. 酝酿"两委会"委员候选人建议名单。 3. 推荐监票人。 4. 审议关于××××工会第×届委员会工作报告的决议（草案）。 5. 审议关于××××工会第×届委员会经费收支预决算情况报告的决议（草案）。 6. 审议关于××××工会第×届经费审查委员会工作报告的决议（草案）。		各代表组组长	本组全体代表、列席代表	

续表

时间		会议内容	报告人	主持人	参加人	地点
××月××日	×时|×时	主席团第三次会议 1. 听取各代表团关于讨论大会选举办法（草案）、酝酿"两委会"委员候选人建议名单和酝酿监票人建议名单、讨论×××工会第×届委员会工作报告、经费收支预决算情况报告、经费审查委员会工作报告决议（草案）、推荐监票人情况的汇报。 2. 确定"两委会"委员候选人名单。 3. 确定总监票人、监票人建议名单。 4. 确定总计票人、计票人名单。	各代表团团长		大会主席团成员	
	×时|×时	全体代表会议 1. 通过大会选举办法。 2. 通过总监票人、监票人名单。 3. 宣布总计票人、计票人名单。 4. 宣布"两委会"委员候选人名单。 5. 选举"两委会"委员。 6. 民主评议建设"职工之家"工作、工会工作和主席、副主席。			全体代表	

续表

时间		会议内容	报告人	主持人	参加人	地点
××月××日	×时 | ×时	主席团第四次会议 1. 听取总监票人报告选举计票结果。 2. 听取民主评议情况。 3. 确认当选的“两委会”委员名单。 4. 指定“两委会”第一次全体会议主持人。	总监票人		大会主席团成员	
	×时 | ×时	继续进行全体代表大会 1. 报告选举计票结果和民主评议情况。 2. 宣布当选的“两委会”委员名单。 3. 宣布“两委会”第一次全体会议主持人名单。	总监票人		全体代表	
	×时 | ×时	××××工会第×届经费审查委员会第一次全体会议				
	×时 | ×时	××××工会第×届委员会第一次全体会议				

续表

时间	会议内容	报告人	主持人	参加人	地点
××月××日 ×时—×时	大会闭幕式 1. 宣布×××工会第×届委员会主席、副主席、常委选举结果。 2. 宣布×××工会第×届经费审查委员会主任、副主任选举结果。 3. 通过关于批准×××工会第×届委员会工作报告的决议。 4. 通过关于批准×××工会第×届委员会经费收支预决算情况报告的决议。 5. 通过关于批准×××工会第×届经费审查委员会工作报告的决议。 6. 党委领导讲话。 7. 宣布大会闭幕，奏《国际歌》或《咱们工人有力量》。			全体代表、列席代表	

企业工会委员会委员、正副主席候选人呈报表

单位名称		电话号码	
单位地址		邮　编	

项目 人选	姓名	性别	年龄	文化程度	入会时间	政治面貌	现任职务
主席候选人							
副主席候选人							
委员候选人							

以上人选民主产生的过程	

呈报单位工会（筹备组）意见	单位党组织意见	上一级工会意见
（章） 年　月　日	（章） 年　月　日	（章） 年　月　日

注：此表须一式两份填报。

基层工会经费审查委员会委员(或经审小组)候选人呈报表

单位名称						电话号码		
单位地址						邮 编		
项目 人选	姓名	性别	年龄	文化程度	入职时间	政治面貌	现任职务
经费审查委员会委员(经费审查小组)候选人名单							
以上人选民主产生的过程							
呈报单位工会(筹备组)意见	(章) 年 月 日		单位党组织意见	(章) 年 月 日		上一级工会意见	(章) 年 月 日

注:此表须一式两份填报。

选举工作流程

📷 图示

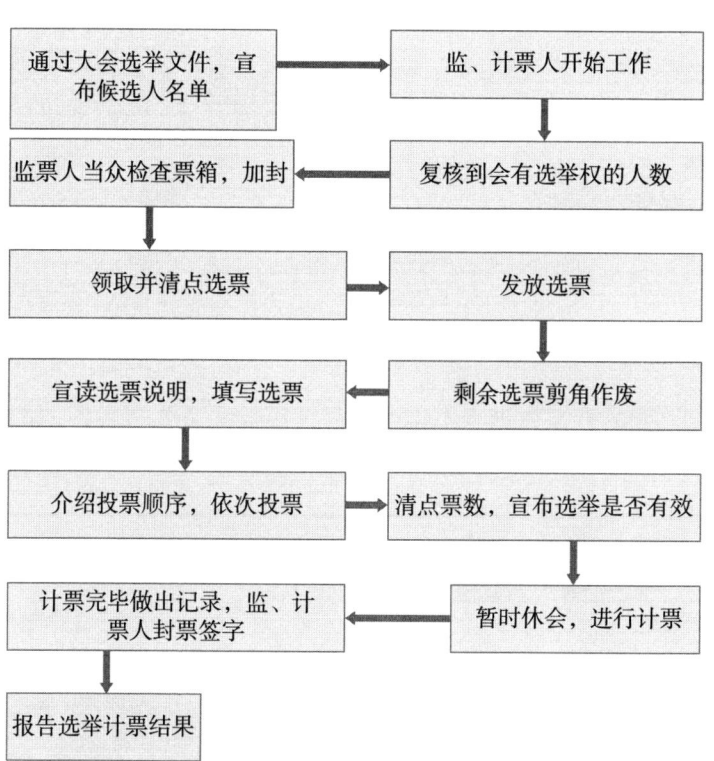

> **图示解说**

1. 通过选举文件

选举前,大会要通过选举办法,通过总监票人、监票人名单,宣布总计票人、计票人名单,宣布候选人名单。

2. 监、计票人开始工作

会议主持人宣布监、计票人开始工作后,总监票人、监票人、计票人开始工作。由于监票人都是正式代表,为了便于工作,监票人的座位应事先合理安排,一般可将监票人的座位安排(调整)在前排中间或者边上通道的位置;监、计票人的工作也应事先规划,一旦开始工作便能马上进入指定位置,快捷方便,也显得训练有素。

3. 复核到会有选举权的人数

监、计票人进入工作岗位后,应按照事先关于区划的分工,根据总监票人的统一指令,清点所负责选区的代表人数,确定无误汇报上报。

4. 监票人当众检查票箱,加封

检查票箱时要将票箱抬进来(安装有轮子的推进来),打开箱子,当众示意,并当场加封条或者上锁。有的单位做成了有机玻璃的透明票箱,效果当然更好。

5. 总监票人到会议主持人处领取选票，并清点选票

总监票人拿到选票后，监票人、计票人要抓紧清点选票。尽管选票在包装时是准确的，也要再次清点无误。

6. 发放选票

印好的选票在包装时可以按代表座位的分布情况分区域放置，甚至具体考虑到每排座位用曲别针加以标识，这样方便清点程序，发放时可请代表传递，监票人监督，迅速方便且不容易出错。发放选票时主持人应该提醒代表不要急于填写选票。发放选票后总监票人要明确询问是否都有选票。

7. 清点剩余选票，确认无误后当场剪角作废

剩余的选票一般很少，但就是几张选票，也要再次清点，和发出的选票加在一起必须等于代表总数，等于领到的总票数。剪角作废时要举高一些，向代表示意。

8. 宣读选票说明，填写选票

主持人宣读选票说明后，选举人方可填写选票。填写选票符号准确，字迹要清楚，书写模糊不清、无法确认的，按弃权处理。

9. 介绍投票顺序，依次投票

投票的顺序依次是总监票人—监票人—主席团人员—

代表。路线应该事先规划好，一般是走转圈的方式，左出右进，前后相接，首尾不碰头。

10. 清点选票

当众开启票箱，清点票数，和发出选票数进行比对，宣布选举是否有效。若收到的比发出的多，选举无效，重新选举。

11. 计票、休会

选举前应认真准备好计票、统计时用的各种表格、签字笔、计算器，也可准备好电脑，方便准确进行统计。休会可安排茶歇，也可同时安排宣传工会工作的专题片等。

12. 计票完毕做出记录，监、计票人封票签字

计票结束后，准确记录投票结果，监、计票人将选票封装好，并在信封上签字。封装的选票应妥善保存，不予外泄。

13. 报告选举计票结果

总监票人向大会主席团报告选举计票结果，主席团确认当选结果后，大会主持人向大会报告选举结果。

注意事项

1. 准确统计与复核到会人数

参加选举的会员（代表或委员）必须超过应到会人数

的三分之二，方可进行选举。选举时，要准确统计到会人数，这是确保选举成功的基础与重要环节。

2. 选票的准备与发放

选票要符合选票制作标准，保证印制质量，并加盖工会公章（初次代表大会选举时可加盖党组织或者工会筹备委员会的公章）。包装的选票数量要和应到会参加选举的人数相等。会场发放选票时，要准确核对，发出选票数要与到会人数相等。

3. 计票要点

如果选票不多，可以直接统计同意票、不同意票和弃权票。选票多时，可以按照《选举办法》规定，先分拣出无效票，然后只统计有效票中每位被选举人的不同意票和弃权票，就可以通过有效票数计算出每个被选举人的同意票。计票中遇到不能判断选举意愿的选票时，一般由总监票人确认。监票人意见不一致时，由大会主席团研究处理。

4. 当选条件

经过选举，如果被选举人获得的同意票数超过应到会会员（代表或委员）的半数，始得当选。如果得同意票数超过半数的被选举人多于应选人名额，按得同意票数多少依次取足应选人数；如果得同意票数超过半数的最后几名被选举人得同意票数相等，不同意票数少者当选；不同意票数也相等时，经大会主席团研究，提出增加或减少应选名额的建议，提请大会表决。当选的人数少于应选名额时，由大会主席团提请大会同意，不足名额暂作空缺，另行选举。

范例

××××工会第×次代表大会选举办法（草案）

根据《中国工会章程》《工会基层组织选举工作条例》《基层工会会员代表大会条例》及上级工会有关规定，制定本办法。

1. ××××工会第×届委员会和经费审查委员会，由××××工会第×次代表大会选举产生，任期五年。选举工作在大会主席团领导下进行。

2. 经报请××××党委和上级工会同意，××××工会第×届委员会由×名委员组成，按照差额率不低于5%的要求，提出委员候选人×名，差额人数为×名。

××××工会第×届经费审查委员会由×名委员组成，提出委员候选人×名，实行等额选举。

3. ××××工会第×届委员会和经费审查委员会的选举，由代表大会全体代表以无记名投票方式进行。

4. ××××工会第×届委员会和经费审查委员会委员候选人建议名单，由××××工会第×届委员会根据所属多数工会组织的意见提出，报经××××党委和上级工会同意后，经大会主席团审议，提交各代表团酝酿讨论。大会主席团根据多数代表的意见确定候选人名单，提交大会进行正式选举。

5. 凡××××工会第×次代表大会的正式代表均有选举权和被选举权。凡××××工会的会员均有被选举权（保留会籍者除外）。凡因故不能出席大会的正式代表，不得委托他人代为投票。

6. 选举时，参加选举的代表必须超过应到会正式代表人数的三分之二，方可进行选举。

7. ××××工会第×届委员会委员和经费审查委员会委员的选举，使用两种选票同时进行。两种选票一次投票，分别计票。选票分别为"××××工会第×届委员会委员选票""××××工会第×届经费审查委员会委员选票"。选票必须加盖"××××工会委员会"印章。

8. 大会设总监票人1人，监票人×人，在大会主席团领导下，负责对大会选举的全过程进行监督。监票人由各代表团（组）从正式代表中民主推荐，大会主席团在各代表团（组）民主推荐的基础上，提名总监票人、监票人建议名单，经大会表决通过。大会设总计票人1人，计票人×人，由大会主席团指定。工会委员会委员和经费审查委员会委员候选人不得担任监、计票工作。

9. 选票上的候选人按姓氏笔画排序。选举人有权对选票上的候选人表示同意、不同意或弃权。对候选人同意的，在其姓名上方空格内画"○"；不同意的，在其姓名上方空格内画"×"；弃权的，其姓名上方空格内不画任何符号。对候选人表示不同意的，可以另选他人，另选他人时，可在另选人的空格内填上被选人的姓名，并在其姓名上方空格内画"○"。对候选人表示弃权的，不得另选他人。

填写选票符号要准确，字迹要清楚，书写模糊不清、无法确认的，按弃权处理。

10. 每张选票所选人数，等于或少于规定应选人数的为有效票，超过规定应选人数的为无效票。收回的选票数等于或少于发出的选票数，选举有效；多于发出的选票数，选举无效，应重新进行选举。

11. 投票前，由监票人当众检查票箱。投票时，总监票人、监票人、主席团成员先行投票，然后代表按指定的顺序和路线进行投票。

12. 投票结束后，监票人当众开启票箱，由监票人和计票人共同清点票数，由总监票人向大会主持人报告选票发出和收回情况，由大会主持人向大会宣布选举是否有效。

13. 经过选举，被选举人获得的同意票数超过应到会正式代表的半数，始得当选。如果得同意票数超过半数的被选举人多于应选人名额，按得同意票数多少依次取足应选人数；如果得同意票数超过半数的最后几名被选举人得同意票数相等，由不同意票数少者当选；不同意票数也相等时，经大会主席团研究，提出增加或减少委员名额的建议，提请大会表决。当选的委员人数少于应选名额时，由大会主席团提请大会同意，不足名额暂作空缺。

14. 计票结束，由总监票人向大会主席团和全体代表报告计票结果，由大会主持人向全体代表宣布当选结果。

15. 本办法经×××工会第×次代表大会通过后生效。

16. 本办法由大会主席团负责解释。未尽事宜，授权大会主席团研究处理。

××××工会第×届委员会委员选票

（候选人按姓氏笔画排序）

符号							
候选人							

符号							
另选人							

说明：1. 对候选人同意的，在其姓名上方空格内画"〇"；不同意的，在其姓名上方空格内画"×"；弃权的，其姓名上方的空格内不画任何符号。对候选人表示不同意的，可以另选他人，另选他人时，可在另选人的空格内填上被选人的姓名，并在其姓名上方空格内画"〇"。对候选人表示弃权的，不得另选他人。

2. 填写选票符号要准确，字迹要清楚，不要画在两个名字中间，书写模糊不清、无法确认的，按弃权处理。

3. 差额选举，所选人数等于或少于7人为有效票，超过规定应选名额的选票无效。

××××工会第×届经费审查委员会委员选票

(候选人按姓氏笔画排序)

符号				
候选人				

符号				
另选人				

说明：1. 对候选人同意的，在其姓名上方空格内画"○"；不同意的，在其姓名上方空格内画"×"；弃权的，其姓名上方的空格内不画任何符号。对候选人表示不同意的，可以另选他人，另选他人时，可在另选人的空格内填上被选人的姓名，并在其姓名上方空格内画"○"。对候选人表示弃权的，不得另选他人。

2. 填写选票符号要准确，字迹要清楚，不要画在两个名字中间，书写模糊不清、无法确认的，按弃权处理。

3. 等额选举，所选人数等于或少于5人为有效票，超过规定应选名额的选票无效。

工会委员会（届中）会议流程

图示

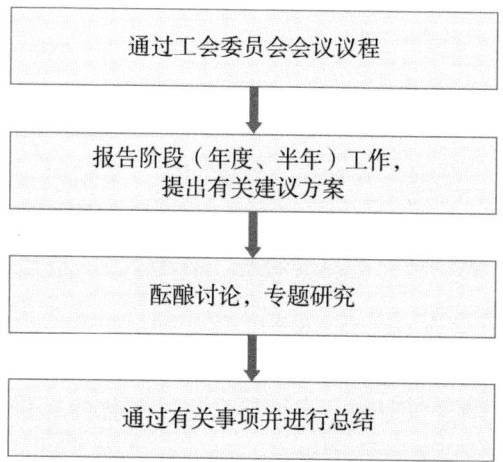

图示解说

1. 通过工会委员会会议议程

工会委员会（届中）会议的议程一般是该次委员会会议需要研究的事项。届中会议一般有三种情况：一是在年末年初召开的、同年度工作会议相结合的、有下属单位工会负责人参加的委员会扩大会议；二是半年或者季度召开的委员会会议；三是有临时紧急任务而召开的专题性的委员会会议。若是前两种情况的届中委员会会议，一般议程是：工会负责人报告工作，介绍有关事项；委员会专题讨论；工会负责人听取汇报，作出说明或者修订完善有关文件；通过有关事项或者报告；会议小结。专题的会议议程则相对简单：工会负责人报告或介绍有关情况（单项工作部署、办法、评选表彰意见草案等）；委员会讨论；表决，形成意见；会议小结。

2. 报告阶段工作，提出有关议题建议方案

届中年度的或者半年、季度的委员会会议，都应该由工会负责人向委员会报告阶段工作情况（设常委会的由负责人代表常委会向委员会报告工作情况），提出有关议题（单项工作部署、办法、评选表彰事项等，如大力加强劳模创新工作室建设、大力弘扬工匠精神和职业技能培训的实施意见）的建议方案。遵循群众化民主化的思想路线，出于对委员会的尊重，应尽可能详细向大家介绍情况，便于委员们充分发表意见。

3. 开展酝酿讨论，研究有关议题

对于阶段工作，委员会应认真地对工作进行回顾总结，看到成绩，总结经验。关于有关议题，若是一般的、常规的应该让委员会全体人员知晓的情况，如季度的救济困难

职工、遵照上级安排开展的单项活动等，则可以简单讨论；若是有关表彰事项、重要的办法与活动安排，对有关事项的讨论应充分发扬民主，经过委员会充分讨论。委员们要充分发表意见，集思广益；负责人应该充分听取各位委员的意见，对有关事项进行修改完善。

4. 通过有关事项并进行小结

对大家讨论后基本形成一致意见的事项，应在会议上通过举手或者无记名投票的方式进行表决，形成会议的意见。有的还要在会议后进行公示、上报等。对工作总结和计划安排的讨论情况，则需要负责人在会议小结中专题讲一下，大家的意见是什么，采纳了哪些意见，未采纳的必要时可以适当解释一下。

注意事项

1. 报告工作

基层工会委员会的届中会议，特别是年末年初的届中年度会议、半年或者季度召开的届中会议，一般应扩大参会的范围，请不是委员的分工会主席列席，或者同工作会议合并进行，或者分阶段衔接召开。这样，不仅坚持了委员会的群众化民主化，也能减少工作的环节，降低开会的人力、物力成本。基层工会委员会届中会议一般也应事先对阶段性工作进行总结，提炼阶段工作经验，分析和研究存在的问题，思考并提出针对性措施，明确下一步的工作重点和努力方向。

2. 可根据工作需要确定重点议题

届中会议的议题有的是落实上级临时安排部署的紧要工作或者突发性的事项，有的则是基层工会根据基层单位发生的阶段性的重要工作或者紧急任务，从工会的角度拟准备进行的工作。企业和职工是利益共同体，企业的发展符合职工的根本利益和长远利益，工会有责任协助企业和职工把"蛋糕"做大。工会可根据企业的阶段中心工作确定届中会议的议题。

3. 个别事项事前沟通

工会委员会实行民主集中制，可实行"会前酝酿，会议决定"的工作方法。有关表彰的事项，有关工会建设等方面的一些重大事项，主席和副主席之间，主席和委员之间，在上会之前应该进行必要的沟通，达成共识，争取会上达成一致意见。

会员（代表）大会会后工作流程

图示

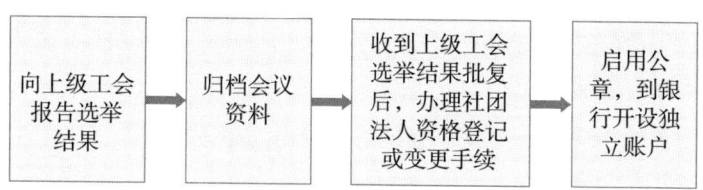

图示解说

1. 向上级工会报告选举结果

工会会员（代表）大会结束后，应及时向上级工会正式行文，报告大会选举结果。报告的内容主要有：开会时间、参会人数、选举方式、选举结果、得票情况及任期（附相关人员个人简介），同时报送建设"职工之家"、工会工作和主席、副主席评议结果。

2. 归档会议资料

会后要及时收集会议资料,做好资料归档。主要收集"两委会"委员简介、各个会议主持词、选举文件、大会报告、会议音像与数字资料等。选票及统计资料要封存,交专人妥善保管。

3. 办理社团法人资格登记或变更手续

新成立工会组织首届工会会员(代表)大会后,应填写社团法人资格登记表,持上级工会选举结果批复,到省总工会法律工作部办理法人资格注册登记,取得社团法人资格。如果本单位社团法人资格已经注册,而工会主席发生变动,应按上述程序办理法人资格变更手续。

4. 开设银行独立账户

新成立工会组织取得社团法人资格后,启用工会公章,到指定银行开设独立账户。

注意事项

1. 会议文件、资料收集

"两委会"委员候选人个人简介资料回收,各次会议主持词回收,选票及有关资料回收、封存、保管。民主评议工会工作,民主评议主席、副主席履职情况和"建家"工作测评表及统计结果要妥善保存。大会文件特别是选举方面的文件资料要认真收集整理，形成汇编，其他音像资料、数字资料也要认真收集整理。

2. 报告选举结果

要及时向同级党组织报告会议情况及选举结果，向上级工会报告选举结果及有关资料。

范例

关于××××工会第×届委员会和经费审查委员会选举结果的报告

××××（上级）工会：

××××工会于××××年××月××日召开了××××工会第×次代表大会，应到会正式代表×人，实到会正式代表×人。会议按照民主程序，采取无记名投票差额选举方式，选举产生了由×××等×名同志组成的××××工会第×届委员会。采取无记名投票等额选举方式，选举产生了由×××等×名同志组成的经费审查委员会。

××××年××月××日，工会委员会召开第一次会议，无记名投票差额选举产生了工会常务委员会委员，无记名投票等额选举产生了主席、副主席。经费审查委员会召开第一次会议，无记名投票等额选举产生了经费审查委员会主任、副主任。

现将工会委员会、常务委员会、主席、副主席和经费审查委员会及主任、副主任的组成名单及有关的得票情况报告如下：

一、工会委员会委员（×名，按姓氏笔画为序排列）

×××（×票）　　×××（×票）

×××（×票）　　×××（×票）

……

二、常务委员会委员（×名，按姓氏笔画为序排列）

×××（×票）　　×××（×票）　　×××（×票）

……

三、主席、副主席

主　席：×××

副主席：×××

四、经费审查委员会委员（×名，按姓氏笔画为序排列）

×××（×票）　　×××（×票）

×××（×票）　　×××（×票）

……

五、经费审查委员会主任、副主任

主　任：×××

副主任：×××

六、任期

××××工会第×届委员会和经费审查委员会任期为五年。

特此报告，请予审批。

××××年××月××日

××基层工会委员会选举结果呈报表

单位名称		地址		邮编	
职工人数		会员人数		此届委员会的届次	
会议情况	是会员大会还是会员代表大会		会议时间	应到人数	实到人数
			年 月 日		

当选人员情况	主 席	
	副主席	
	委 员	

呈报单位工会意见	单位党组织意见		上级工会审批意见
（章） 年 月 日	（章） 年 月 日		（章） 年 月 日

注：此表须一式两份填写。

关于××××工会第一届会员代表大会选举结果的批复

××××工会：

　　关于你单位第一次会员大会选举结果报告收悉，经审核同意你单位工会的报告，并批复如下：

　　同意由×××、×××、×××等_____名同志组成工会第一届委员会。

　　同意由×××同志任工会第一届委员会主席，×××同志任副主席。

　　同意由×××、×××、×××等×位同志组成工会第一届经费审查委员会；×××同志任主任。

　　此复

××市总工会委员会（盖章）
××××年××月××日

基层工会组建工作机制

图示

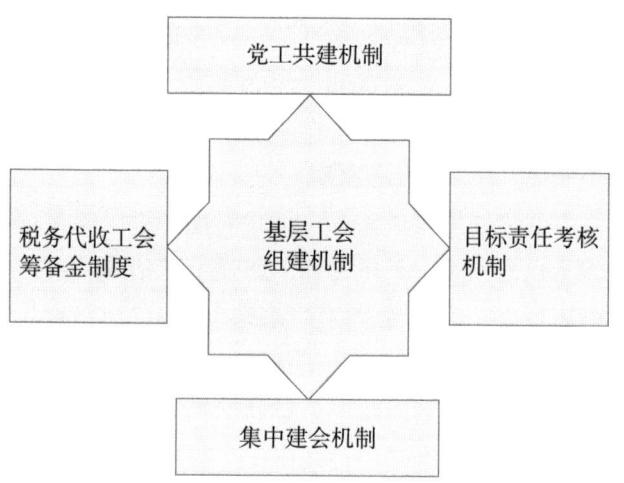

图示解说

1. 党工共建机制

党工共建的意义与原则:坚持党工共建,是加强党对工会工作的领导、保证工会组织始终坚持正确发展方向的客观要求，是全面贯彻落实党的路线方针政策、充分发挥工会组织优势的重要举措。坚持党工共建，进一步加强非公有制企业工会组织建设，最大限度地把广大职工群众组织到工会中来，是党对工会领导的一个重要方面，是新形势下搞好工会建设的关键。党工共建的原则主要包括：一是坚持"企业发展到哪里，工会组织就组建到哪里，党组织就延伸到哪里"的原则，进一步扩大党工组织覆盖面，充分履行党工组织职责。二是坚持解放思想、大胆创新，建立健全党工组织建设长效机制，实现党工共建与企业健康发展有机结合。三是坚持从实际出发，加强分类指导，整合资源优势，不断提高工作实效。四是坚持和改善党对工会的领导，切实加强新时期工会工作。

党工共建的主要做法：一是共同加强组织领导，包括健全领导机构，落实工作责任，加强工作指导。二是共同建立制度规范，包括联席会议制度，组织联建制度，联合督查制度。三是共同加强队伍建设，党委组织部门和工会通过向社会招聘、利用政府公益性岗位等多种途径建立一支党建指导员和工会组织员队伍，普遍实行"一岗双责"。四是共同利用各项资源，党工组织共同推进党工建设信息、阵地等资源的优化整合，实现互补共享。

党工共建要注意发挥三方面作用：一是发挥党建带工建的主导作用。二是发挥工会组织的能动作用。三是发挥党工共建的互动作用，形成资源共享、组织共建、工作共抓的工作格局。

2. 目标责任考核机制

目标责任考核机制就是对组建工会和发展会员工作提出指导性、预期性目标，通过任务分解，落实责任主体，加强督促检查，最后进行考核评比的推动建会的工作机制。它把现代管理学与企业工会组建工作相结合，是保证工会组建工作有序推进、落实到位的重要方法，其内容主要包括目标分解、跟踪督查、定期通报、考核激励四个环节。

科学制定目标：科学地制定工会组建目标，是实现目标管理考核工作的重要环节。要做到科学制定目标，一是要摸清底数、明确任务；二是要分解目标、落实责任。

加强跟踪督查：跟踪督查是对工作过程进行控制的有效方式，是提高执行力的重要手段。在推进工会组建和发展会员工作过程中，上级工会可采用实地督查、暗访督查、电话督查、书面督查、抽样督查、异地互查等方式，有效防止出现建会工作力度不够、选择性开展工作、曲解上级工会决策、敷衍了事等现象，确保目标任务循序渐进地完成。

坚持定期通报：定期通报是对工作进行了解和推进的一种手段，通过工作简报等形式，及时总结推广先进经验和做法，督促后进单位迎头赶上。

落实考核激励：一是要制定考核标准。考核标准能够细化、量化的，要尽量进行科学、精准的细化、量化，各项标准分值的设定、分配要合理。考核标准要与时俱进，及时更新。二是丰富考核方法。提高考核的准确性，降低考核成本，统一考核尺度。坚持自查、互查与上级工会抽查相结合，全面核查与重点抽查相结合，阶段性督促检查与年度考核抽查相结合，听取汇报与现场考察相结合。注重平时考核资料的积累，建好台账，使之成为阶段性考核的重要依据。不断探索新的考核方式，运用好数据库等现代化信息技术手段。三是运用考核结果。建立相应的约束机制，确保工会组建和发展会员目标任务的实现。

3. 税务代收工会筹备金制度

税务代收工会筹备金指对基层单位设立或投产、开业后仍未依法建立工会组织的，由税务部门按职工工资总额的2%代收向上级工会拨缴的工会建会筹备金，待该单位工会建立后，筹备金按工会经费使用比例回拨。这是推进企业工会组建的有效手段。

4. 集中建会机制

开展建会集中行动，有利于提高建会实效，形成合力、重点突破，有利于整合资源，创造声势，扩大建会成果，有利于攻坚克难，突破建会瓶颈。

开展建会集中行动的方式和方法：一是要合理制定方案，形成建会合力。二是要加强通报指导，力促上下联动。三是要重点督导帮助，及时解决问题。四是要发挥数据库功能，消除建会空白点。五是要加强舆论宣传，营造良好氛围。六是要把握工作力度，实现和谐共赢。

注意事项

1. 从促进社会和谐的高度认识工会组建问题

加强工会的组建,特别是民营和外资企业组建工会工作,是社会的呼唤、上级的要求和广大职工群众的期待。要从和谐劳动关系与和谐社会建设、消除城乡两元结构、巩固党的阶级基础和群众基础、加强工人阶级的团结与统一的高度认识工会的组建问题,积极有效地推动工作的前进与发展。

2. 积极努力推动基层工会组建工作的开展

党工共建是基层工会建设的有效工作机制,税务代收工会筹备金制度也是推进基层工会组建的有效手段。许多单位在实践中,开展了集中建会行动,建设楼宇工会、街道工会,区域性、行业性工会等行之有效的方式。总之,要采取积极的态度,采用有效的措施与手段,促进基层工会的组建工作。

基层工会组织制度

图示

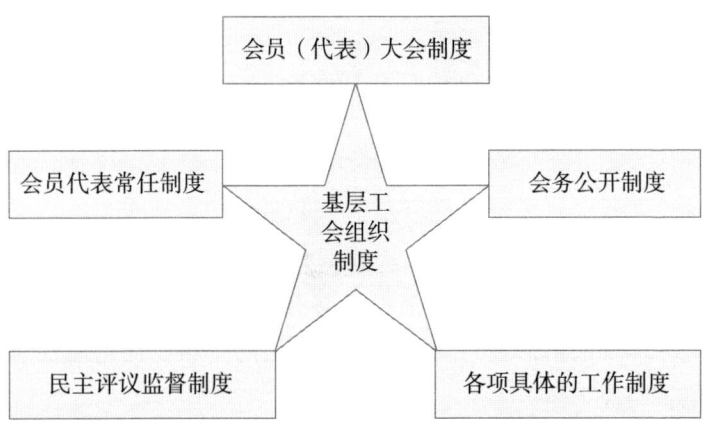

图示解说

1. 工会会员（代表）大会制度

会员（代表）大会制度是工会的一项根本性制度。会员（代表）大会是基层工会的最高领导机构，讨论决定基层工会重大事项，选举基层工会领导机构，并对其进行监督。坚持和完善基层工会会员（代表）大会制度，对于加强基层工会组织建设，实现基层工会组织的民主集中制，推进基层工会组织的群众化、民主化、法制化建设，具有重要意义。

工会会员（代表）大会的职权：审议和批准基层工会委员会的工作报告；审议和批准基层工会委员会经费收支情况报告、经费审查委员会工作报告；开展会员评家，评议基层工会开展工作、建设职工之家情况，评议基层工会主席、副主席履行职责情况；选举和补选基层工会委员会和经费审查委员会组成人员；选举和补选出席上一级工会代表大会的代表；罢免其所选举的代表、基层工会委员会组成人员；讨论决定基层工会其他重大事项。

会员代表的组成、条件与名额。会员代表的组成应以一线职工为主，体现广泛性和代表性。中层正职以上管理人员和领导人员一般不得超过会员代表总数的20%。女职工、青年职工、劳动模范（先进工作者）等会员代表应占一定比例。会员代表名额，按会员人数确定：会员100人至200人的，设代表30人至40人；会员201人至1000人的，设代表40人至60人；会员1001人至5000人的，设代表60人至90人；会员5001人至10000人的，设代表90人至130人；会员10001人至50000人的，设代表130人至180人；会员50001人以上的，设代表180人至240人。

会员代表应具备以下条件：工会会员，遵守工会章程，按期缴纳会费；拥护党的领导，有较强的政治觉悟；在生产、工作中起骨干作用，有议事能力；热爱工会工作，密切联系职工群众，热心为职工群众说话办事；在职工群众中有一定的威信，受到职工群众信赖。会员代表应由会员民主选举产生，不得指定会员代表。劳务派遣工会员民主权利的行使，如用人单位工会与用工单位工会有约定的，依照约定执行；如没有约定或约定不明确的，在劳务派遣工会员会籍所在工会行使。

工会会员代表大会的召开时限和代表任期：工会基层组织的会员（代表）大会每年至少召开一次。工会会员在100人以下的基层工会应当召开会员大会。会员（代表）大会选举产生的基层工会委员会和经费审查委员会每届任期3～5年，具体任期由会员（代表）大会决定。会员代表大会的代表实行常任制，任期与本单位工会委员会相同。

2. 会员代表常任制度

基层工会会员代表大会代表常任制，是指基层工会会员代表大会的代表在规定的任期内，始终具有代表资格、行使代表权利、履行代表义务的制度。会员代表常任制从制度上保证了会员代表经常地参与工会事务决策，使工会的工作和活动都置于会员的监督之下，实现工会工作的群众化、民主化。其意义在于确保基层工会工作的连续性，加强会员群众对基层工会委员会的监督，密切基层工会与会员群众的联系。

会员代表的职责是：带头执行党的路线、方针、政策，自觉遵守国家法律法规和本单位的规章制度，努力完成生产、工作任务；在广泛听取会员意见和建议的基础上，向会员代表大会提出提案；参加会员代表大会，听取基层工会委员会和经费审查委员会的工作报告，讨论和审议代表大会的各项议题，提出审议意见和建议；对基层工会委员会及代表大会各专门委员会（小组）的工作进行评议，提出批评、建议；对基层工会主席、副主席进行民主评议和民主测评，提出奖惩和任免建议；保持与选举单位会员群众的密切联系，热心为会员说话办事，积极为做好工会各项工作献计献策；积极宣传贯彻会员代表大会的决议精神，对工会委员会落实会员代表大会决议情况进行监督检查，团结和带动会员群众完成会员代表大会提出的各项任务。

对会员代表的培训与管理：会员代表实行常任制，对会员代表履行职责的要求相应较高，基层工会要加强对会员代表的培训，使他们及时掌握工运理论和工会知识，掌握党和国家的有关方针政策，提高政策观念和认识问题的水平，增强参与工会事务的能力。要加强对会员代表的日常管理，会员代表因故调离原选举单位，不能继续履行代表职责时，代表资格自然免除。原选举单位出现的常任制会员代表的缺额，由全体会员另行选举，并报经基层工会委员会审批。

充分发挥会员代表的作用：一是设立基层工会各专门工作委员会或专门工作小组，吸收会员代表参加，以加强对基层工会日常工作的参与和监督。二是建立和完善提案制度，组织会员及时就工会工作提出意见与建议。三是建立调查研究制度，围绕基层工会中心工作及职工切身利益的重大问题，开展针对性的调研，由代表组成专门小组开展巡视检查。

3. 民主评议监督制度

工会各级委员会向同级会员（代表）大会负责并报告工作，接受会员监督。基层工会必须自觉把工作置于会员大会和会员代表大会的监督之下，牢固树立面向职工、服务职工的思想，坚持从职工群众的意愿和要求出发确定工作重点。

民主评议监督制度的主要内容：一是定期报告工作制度。基层工会委员会和经费审查委员会以及所属基层组织领导人，一般每年要在会员（代表）大会上报告本级领导机构及领导成员贯彻工会会员（代表）大会决议的情况、工会重点工作任务的完成情况、会员及会员代表提出的意见及建议办理情况、经费收支情况、维护职工合法权益及为职工办实事好事情况等，增加工会工作的透明度，为会员群众进行民主评议监督创造条件。二是民主评议制度。基层工会的民主评议一般在会员或会员代表大会期间进行，每次会员（代表）大会都应对工会工作进行民主评议，并对工会领导人进行民主评议和民主测评。三是质询罢免制度。工会领导成员经民主测评，凡获得信任票不足半数者，应报请上级工会和干部主管部门共同进行考察。如确认其不能再担任现任职务时，应由会员（代表）大会作出决定，予以撤换或罢免。

实行民主评议监督制度应注意的问题：一是单位工作基础与氛围好；二是提高评议监督内容和形式的科学性；三是注意提高会员（代表）的素质。

4. 会务公开制度

会务公开是指工会内部事务的内容、程序、结果等向广大会员群众公布，它是工会内部民主的重要内容。实行会务公开的基本原则为：发扬民主，广泛参与；积极稳妥，注重实效；统筹兼顾，不断探索；区别情况，分类指导。

会务公开的主要内容：

（1）工会组织工作情况，包括工会发展会员、会员会籍管理、换届改选产生办法和结果、届期内工会委员会成员变动情况以及本届工会任期等情况。

（2）工会财务和资产管理工作情况。

（3）工会帮扶工作情况。

（4）涉及会员（职工）切身利益的其他事项。

会务公开的实现形式一般有以下几种：一是工会委员会每年要向会员（代表）大会报告年度工作计划和工作结果，接受会员（代表）的评议、质询和信任投票。二是工会主席每年要向会员（代表）大会做述职报告，接受会员民主测评。三是会员代表大会闭会期间由工会委员会定期公开工会重大事项，保障广大会员在工会内部事务上的知情权、参与权、监督权和表达权。四是通过工会工作情况（专项事务）报告会、会员座谈会、会务公开栏、会情发布会、公告、公示、网站、刊物、简报、主席信箱等形式，畅通会内信息上下互通渠道。五是开展工会内部事务问询和会员定期评议等活动，实现工会领导机构与广大会员群众的沟通互动。具体形式，可以因地制宜，探索创新。

建立健全会务公开工作保障制度：一是例行公开制度，凡属列入会务公开内容的重大事项，应按规定及时主动公开、报告，一般性事项应根据工会工作需要和会员职工群众的要求定期公开。二是监督检查制度，工会基层组织可通过聘请党组织成员作为会务公开监督员等方式，加强对会务公开工作的监督。三是考核评价制度，把工会会务公开工作情况作为工会组织及其主要负责人年度工作考核的重要内容，适时组织会员对工会基层组织会务公开情况进行评议，并及时公布评议结果，对不按规定公开或弄虚作假的，要批评教育，限期整改；情节严重的，要追究有关领导和直接责任人的责任。

5. 各项具体的工作制度

基层工作组建工作中，在建立健全以上基本制度的同时，还要建立健全各项具体的工作制度。如：主席、副主席、委员、专职工作人员分工负责制度；月度、季度例会制度；职代会、平等协商与集体合同、厂务公开及车间班级民主管理各项制度；经济技术创新工程、劳模创新工作室、合理化建议、劳动竞赛工作制度；职工素质提升、读书自学、宣传教育制度；帮困救助、送温暖、探视家访等制度；文化体育活动制度等。

注意事项

1. 强化制度建设

在各项工作中，组织是基础，没有组织，没有人的行动，各项工作都会落空。而制度是对组织行为的规范，是组织中人员的行动准则，是实现组织目标的保障。没有制度，没有制度的落实，组织就是一盘散沙，组织目标的实现就是空话。所以要提高对制度建设重要性的认识，加强工会的组织制度建设。

2. 坚持民主集中制的原则

《中国工会章程》规定，中国工会实行民主集中制。民主集中制的主要内容是：个人服从组织，少数服从多数，下级组织服从上级组织；工会的各级领导机关，除他们派出的代表机关外，都由民主选举产生；工会的最高领导机关，是工会的全国代表大会和它所产生的中华全国总工会执行委员会。工会的地方各级领导机关，是工会的地方各级代表大会和它所产生的总工会委员会；工会各级委员会，向同级会员大会或会员代表大会负责并报告工作，接受会员监督。会员大会和会员代表大会有权撤换或者罢免其所选举的代表和工会委员会组成人员；工会各级委员会，实行集体领导和分工负责相结合的制度。凡属重大问题由委员会民主讨论，作出决定，委员会成员根据集体的决定和分工，履行自己的职责；工会各级领导机关，加强对下级组织的领导和服务，经常向下级组织通报情况，听取下级组织和会员的意见，研究和解决他们提出的问题。下级组织应及时向上级组织请示报告工作。

3. 强化会员群众的主体地位

工会是会员群众的工会。工会的主体，工会的服务对象和工作目标是会员和职工群众。这一点，基层工会组织和工会干部必须十分清楚并在工作实践中努力践行。工会的组织制度建设，工会的各项工作，工会的群众化民主化，必须围绕会员群众进行。

基层工会主席队伍建设

图示

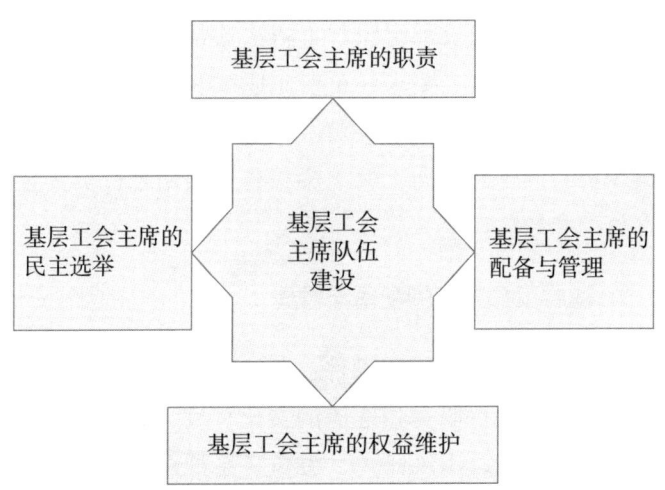

图示解说

1. 基层工会主席的职责

基层工会是本单位职工利益的代表者和维护者,基层工会主席是基层工会的法定代表人，是基层工会工作的组织领导者和主要实践者。基层工会主席有权在法律规定的范围内代表工会组织参与民事活动，享有民事权利，承担民事责任。

基层工会主席的主要职责：负责召集工会委员会会议，主持工会日常工作；参加企业涉及职工切身利益和有关生产经营重大问题的会议，反映职工的意愿和要求，提出工会的意见；以职工方首席代表的身份，代表和组织职工与企业进行平等协商、签订集体合同；代表和组织职工参与企业民主管理；代表和组织职工依法监督企业执行劳动安全卫生等法律法规，要求纠正侵犯职工和工会合法权益的行为；担任劳动争议调解委员会主任，主持企业劳动争议调解委员会的工作；向上级工会报告重要信息；负责管理工会资产和经费。

2. 基层工会主席的配备与管理

基层工会主席的任职条件：政治立场坚定，热爱工会工作；具有与履行职责相适应的文化程度、法律法规和生产经营管理知识；作风民主，密切联系群众，热心为会员和职工服务；具有较强的组织协调能力。

基层工会主席任职的限制性条件：企业行政负责人（含行政副职）、合伙人及其近亲属、人力资源部门负责人、外籍职工不得作为基层工会主席候选人。

基层工会主席的配备：《工会法》第十三条规定："职工二百人以上的企业、事业单位的工会，可以设专职工会主席。"《企业工会工作条例》对此进一步作了规定，"职工二百人以上的企业工会依法配备专职工会主席。由同级党组织负责人担任工会主席的，应配备专职工会副主席。"

基层工会主席的待遇：根据《企业工会工作条例》第二十四条规定，国有、集体及其控股企业工会主席，按企业党政同级副职级条件配备，专职工会副主席按不低于企业中层正职配备。私营企业、外商投资企业、港澳台商投资企业工会主席享受企业行政副职待遇。工会主席是共产党员的应进入同级党组织领导班子，公司制企业工会主席应按照企业选举职工董事的规定，作为职工董事候选人，经选举担任职工董事，进入董事会。

企业工会主席的调动、罢免和补选：《工会法》第十七条规定："工会主席、副主席任期未满时，不得随意调动其工作。因工作需要调动时，应当征得本级工会委员会和上一级工会的同意。罢免工会主席、副主席必须召开会员大会或者会员代表大会讨论，非经会员大会全体会员或者会员代表大会全体代表过半数通过，不得罢免。"基层工会主席因故空缺，应该及时按照民主程序补选。补选前征得同级党组织和上级工会的同意，可暂由一名副主席或委员代理主席职务，代理时间不得超过半年。

3. 基层工会主席的民主选举

基层工会主席民主选举是工会组织群众性最本质的体现，有利于强化工会主席的服务意识，是工会主席代表职工利益的前提和基础,是基层民主的重要内容。

基层工会主席民主选举的方式:直接选举和间接选举。直接选举指由会员(代表)大会直接投票选举工会主席,间接选举指由会员(代表)大会选举基层工会委员会,由基层工会委员会选举产生工会主席。根据候选人是否多于应选人数划分,可以分为:差额选举和等额选举。差额选举指候选人数多于应选人数的选举,等额选举指候选人数与应选人数相等的选举方式。

直接选举和差额选举的方式有利于充分发扬民主,赋予会员更大的选择权。因此,要在保障选举工作正确方向的前提下,积极稳妥地推进企业工会主席直选。

4. 基层工会主席的权益维护

基层工会主席依法享有的权利:基层工会法定代表人的权利;延长劳动合同期限的权利;享受企业副职级待遇的权利;享受工会津贴补贴的权利。

在劳动关系的多元化和建立社会主义市场经济体制的过程中,曾发生基层工会主席因维护职工合法权益而遭打击报复的情况,也存在非公有制企业的工会主席,受劳动关系制约,不敢大胆维护职工合法权益的问题。为此,《工会法》《企业工会工作条例》《企业工会主席合法权益保护暂行办法》,都对工会干部合法权益的保护作出了明确规定。针对基层工会主席的产生和保护方面存在的问题,《中国工会章程》第三十五条规定:"各级工会组织关心工会干部的思想、学习和生活,督促落实相应的待遇,支持他们的工作,坚决同打击报复工会干部的行为作斗争。县和县以上工会设立工会干部权益保障金,保障工会干部依法履行职责。"中华全国总工会于2007年8月制定下发的《企业工会主席合法权益保护暂行办法》,从保护基层工会干部的内容、措施、机制到责任,都作了比较明确的规定。同时,全国总工会要求各级工会要根据国家法律法规政策,严格按照《中国工会章程》的规定和组织程序,运用法律、经济等手段,保护企业工会主席的合法权益。

注意事项

1. 充分认识加强工会主席队伍建设的重要性

对于工会组织作用发挥和工会队伍建设来说,工会主席队伍建设十分重要也非常必要,特别是在和谐劳动关系与和谐社会建设任务加重,社会管理日益受到重视的情况下。全国总工会为基层工会主席产生、工会主席权益保护专门作出规定,说明问题的重要性、紧迫性和领导机关对此问题的高度关切。因此对于工会主席队伍建设必须给予高度的重视。

2. 积极做好基层工会主席的选配工作

选配一个好的工会主席,是基层工会干部队伍建设的基础和关键环节。选配好工会主席,工会主席候选人的提名至关重要。就工会组织来说,在提名的环节有一定的发言权并能真正参与到整个提名工作中去,可以对这项工作起到较大的推动作用。工会组织在此项工作中，应积极向党组织汇报，取得支持。应遵循基层工会主席的任职条件和限制性条件，选择本单位会员和职工群众熟悉的并得到多数会员和职工群众拥护的人作为工会主席候选人。

基层工会作用的发挥

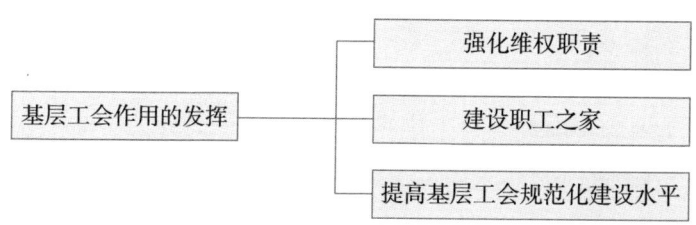

🔍 图示解说

1. 强化维权职责

《工会法》规定,维护职工合法权益是工会的基本职责。实现好、维护好、发展好广大职工群众的利益,竭诚服务职工群众,是工会一切工作的出发点和落脚点,是工会安身立命的根本所在。社会主义市场经济条件下,特别是在经济结构转型升级,科技知识快速更新,思想观念深刻变化的背景下,强化基层工会的维权职责,愈加迫切,愈加必要。因此,基层工会建立后,应重点做好以下几方面工作：

第一，全面推进平等协商签订集体合同工作，包括：依法建立平等协商、集体合同制度；进一步加强工资集体协商工作；推动区域性行业性集体协商；建立履约监督约束机制。

第二，坚持和完善职工民主管理制度，包括：建立职工代表大会制度，搭建民主管理平台；畅通民主渠道，保障职工民主权利；强化职权落实，充分发挥职代会作用。

第三，关心职工生产生活和精神文化需求，包括：充分发挥工会"大学校"作用，开展"创建学习型组织、争做知识型职工"活动；加强劳动保护的宣传教育，强化职工安全发展的意识。

第四，做好劳动争议调解和纠纷化解工作。

2. 建设职工之家

建设职工之家是一项综合性、动态性工作，其标准和要求必须着眼于时代发展的要求，着眼于工会工作面临的新形势新任务，不断丰富发展和完善，努力使其体现时代性、把握规律性、富于开拓性。

建设职工之家的基本要求包括：健全组织体系，服务中心大局，履行维权职责，提高职工素质，服务职工群众，加强自身建设等几个方面。通过建立完整、规范的工作体系，形成党政工齐抓共建格局，坚持与时俱进、不断创新，用好激励和约束机制，深入广泛开展建设职工之家活动。

建立会员评家机制，由会员评议基层工会开展工作、建设职工之家情况，评议工会主席（副主席）履行职责情况。广泛开展会员评家活动，有利于创新建设职工之家工作机制，充分调动会员群众参与工会活动的热情，使基层工会工作更加富有生机和活力。

开展"双爱双评"活动，即"职工爱企业、经营者爱职工，评选热爱企业的优秀员工、评选热爱员工的优秀经营者"。教育和激励广大职工学习和掌握党的改革开放政策，遵守国家和企业的法律、规定和规章、制度，爱国、爱厂、爱岗，努力完成企业的各项生产任务；教育和激励企业的经营者、管理者规范地遵守国家的各项法规，尊重职工的合法权益，保护职工的积极性和创造性；推动工会组织积极开展工作，在维护职工合法权益，共谋企业健康发展中发挥积极作用，把工会建成职工信赖的职工之家。

3. 提高基层工会规范化建设水平

基层工会规范化建设，既是基层工会的基础性、根本性工作，又直接关系到基层工会作用的发挥，是广大工会干部特别是基层工会干部必须重视、扎实做好的一项重要基础性工作。基层工会组织规范化建设是一项系统性工程，涉及工会组织建设的方方面面，组织建设的规范化是作用发挥的重要基础和前提。加强基层工会组织规范化建设，应主要做好四个方面的工作：一是健全组织网络；二是配备好专职工会干部；三是做好物质保障；四是建立健全有关制度。

正确处理好与同级党组织、行政的关系，是基层工会依法行使职权、履行职责、发挥好作用的必要条件。基层工会接受同级党组织和上级工会双重领导，以同级党组织领导为主。

注意事项

1. 选准突破口

基层工会特别是企业工会，要有效地发挥作用，首先要选准突破口，抓住重点、抓住关键。找准企业急需、工会所能、领导也希望工会干好的事情，找准群众急需、职工也希望工会干好的事项，展示工会的作为，展现工会的价值。

2. 协调与处理好各种关系

随着改革的深入、开放的扩大、经济结构转型升级，基层工会面临许多新情况、新问题。就宏观和理论层面来讲，基层工会面临许多需要必须面对和认真思考的问题。如企业进行混合所有制改革，使基层工会面临如何在新形势下落实全心全意依靠工人阶级指导方针，保障职工群众主人翁地位的问题；企业重组改制使基层工会面临如何处理支持改革与维护职工群众合法权益、如何协助安排好富余人员的问题；经济增长方式转变，国民经济由高速度向高质量发展，使基层工会面临如何创新群众生产工作、更好履行建设职能的问题，等等。就微观和操作层面，工会面对不同所有制、不同规模、不同区域、不同阶段的单位，面对智能化、大数据、物联网以及现代传媒形成的快速发展、更新，也有如何适应的问题，也有许多必须认真对待和需要努力做好的工作。如就工会自身工作而言，不仅首先有工会的组织建设，而且有职工民主管理、厂务公开、集体合同和工资集体协商、职工董事监事工作，劳动竞赛、劳动保护等群众生产工作，劳动保险、帮困救助、生老病死的人文关怀等工作，女职工工作和群众性的文化体育活动等。就工会面对的各种关系的复杂性来说，不仅需要处理与把握好与企业党政组织、党政负责人、与企业老板的关系以及与地方政府有关部门的关系，而且要处理企业内部不同利益群体的关系，如不同身份的职工、不同年龄段的职工、不同地域的职工的关系和利益诉求。因此，要学习和把握好工会的领导艺术，协调与处理好与各方面的关系，从而有效地提高工作效率和工作水平。

违反基层工会组建相关规定的法律责任

图示

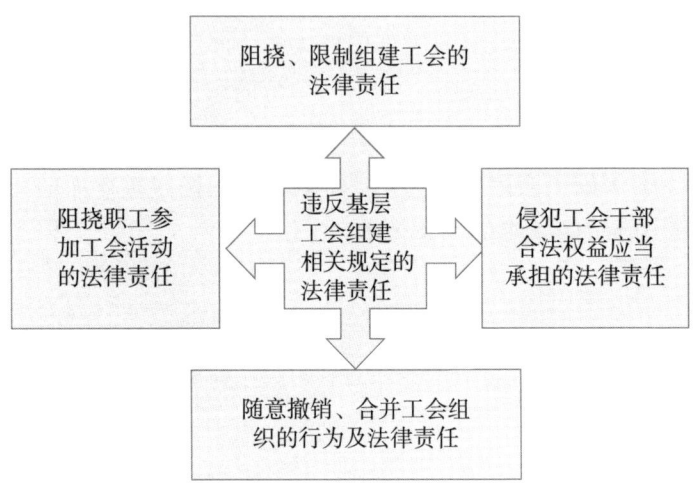

图示解说

1. 阻挠、限制组建工会的法律责任

《宪法》第三十五条规定:"中华人民共和国公民有言

论、出版、集会、结社、游行、示威的自由。"《工会法》第二条明确规定:"工会是职工自愿结合的工人阶级的群众组织。"这一规定指明了职工享有结社权,职工参加和组织工会是职工行使《宪法》赋予的结社权的具体体现。《工会法》第三条规定:"在中国境内的企业、事业单位、机关中以工资收入为主要生活来源的体力劳动者和脑力劳动者,不分民族、种族、性别、职业、宗教信仰、教育程度,都有依法参加和组织工会的权利。任何组织和个人不得阻挠和限制。"

对于阻挠和限制行为的处理,《工会法》第五十条规定了三种情况:一是对"阻挠职工依法参加和组织工会或者阻挠上级工会帮助、指导职工筹建工会的,由劳动行政部门责令其改正"。二是对"拒不改正的,由劳动行政部门提请县级以上人民政府处理"。三是对"以暴力、威胁等手段阻挠造成严重后果,构成犯罪的,依法追究刑事责任"。《劳动保障监察条例》第二十九条和第三十条规定,用人单位违反《工会法》,阻挠劳动者依法参加和组织工会,或者阻挠上级工会帮助、指导劳动者筹建工会的,由劳动保障行政部门责令改正。经劳动保障行政部门责令改正拒不改正,或者拒不履行劳动保障行政部门的行政处理决定的,处2000元以上2万元以下的罚款;构成违反治安管理行为的,由公安机关依法给予治安管理处罚;构成犯罪的,依法追究刑事责任。

2. 侵犯工会干部合法权益应当承担的法律责任

《工会法》第十七条规定:"工会主席、副主席任期未满时，不得随意调动其工作。因工作需要调动时，应当征得本级工会委员会和上一级工会的同意。罢免工会主席、副主席必须召开会员大会或者会员代表大会讨论，非经会员大会全体会员或者会员代表大会全体代表过半数通过，不得罢免。"《工会法》第四十条规定："基层工会的非专职委员占用生产或者工作时间参加会议或者从事工会工作，每月不超过三个工作日，其工资照发，其他待遇不受影响。"《工会法》第四十一条规定："企业、事业单位、机关工会委员会的专职工作人员的工资、奖励、补贴，由所在单位支付。社会保险和其他福利待遇等，享受本单位职工同等待遇。"这些规定，明确了工会基层专职工作人员工资的开支渠道，也明确了工会专职工作人员社会保险和其他福利待遇相应的开支渠道和支付标准。

《工会法》第五十一条规定："违反本法规定，对依法履行职责的工会工作人员无正当理由调动工作岗位，进行打击报复的，由劳动行政部门责令改正、恢复原工作；造成损失的，给予赔偿。对依法履行职责的工会工作人员进行侮辱、诽谤或者进行人身伤害，构成犯罪的，依法追究刑事责任；尚未构成犯罪的，由公安机关依照治安管理处罚法的规定处罚。"法律的这些规定，将对工会干部的保护范围扩大到了"工会工作人员"。这里的"工会工作人员"包括工会主席、副主席及工会委员。他们有专职的，即专门从事工会工作，不兼任其他业务工作的；也有非专职的，即从事工会工作，也兼做其他业务工作的。

3. 阻挠职工参加工会活动的法律责任

参加工会活动是每位会员应当享有的权利，是受国家法律、法规保护的。为了处理好工会组织活动与企业正常生产的关系，《工会法》对工会组织活动的时间也有明确要求。《工会法》第四十条规定："基层工会委员会召开会议或者组织职工活动，应当在生产或者工作时间以外进行，需要占用生产或者工作时间的，应当事先征得企业、事业单位的同意。"在这个前提下，职工参加工会活动主要是在生产或者工作时间以外，如果是生产或者工作时间以内，也应当是单位同意的，因此，用人单位应当给予支持。

《工会法》第五十二条规定，职工因参加工会活动而被解除劳动合同的，工会工作人员因履行本法规定的职责而被解除劳动合同的，"由劳动行政部门责令恢复其工作，并补发被解除劳动合同期间应得的报酬，或者责令给予本人年收入二倍的赔偿。"劳动行政部门是劳动工作的行政主管机关，负责监督检查劳动法律、法规的实施，其中，用人单位订立和履行劳动合同的情况就是一项重要的内容。对于用人单位违反规定，因职工参加工会活动或者因工会工作人员履行职责而解除劳动合同的，如果职工或者工会工作人员本人还愿意回原单位工作，劳动行政部门应当责令用人单位恢复其工作，并按照解除劳动合同前正常工作期间的劳动报酬和福利待遇标准，补发被解除劳动合同期间应得的报酬，包括工资、奖金、津贴、补贴、福利待遇等。

这样规定，明确了用人单位单方面解除职工的劳动合同，也是一种违反合同的违法行为。

按照《合同法》规定，当事人一方不履行合同义务或者履行合同义务不符合约定的，应当承担违反合同的责任。承担责任的方式主要有继续履行、采取补救措施、赔偿损失和支付违约金等。因此，对于用人单位违反规定，因职工参加工会活动或者工会工作人员因履行职责而解除劳动合同的，如果职工或者工会工作人员本人还愿意回原单位工作，应当继续履行合同、采取补救措施。"责令用人单位给予职工或者工会工作人员本人年收入二倍的赔偿"，是指如果职工在被解除劳动合同期间又找到了其他工作，或者本人有顾虑不愿意再回到原来的单位工作，征得本人同意，劳动行政部门应当责令用人单位给予职工或者工会工作人员本人年收入二倍的赔偿。"给予本人年收入二倍的赔偿"的规定，属于承担违约金这一形式的违约责任。因参加工会活动而被解除劳动合同的职工，除了可以按照上面的方法，提请劳动行政部门依法处理外，还可以依据《劳动法》《工会法》的规定，向劳动仲裁机构申请劳动争议仲裁，对劳动仲裁机构不予受理或者对仲裁裁决不服的，可以向人民法院提起诉讼。

4. 随意撤销、合并工会组织的行为及法律责任

随着机构改革、经济结构调整和国有企业的改组、改制，一些企业工会组织被撤销、合并，造成了严重的负面影响。在这些企业中，职工群众的合法权益难以得

到有效的维护,劳动关系调整的机制无法建立,致使职工出现问题无处去反映,甚至造成群体性事件和突发事件。因此,《工会法》第十二条特别规定:"任何组织和个人不得随意撤销、合并工会组织。基层工会所在的企业终止或者所在的事业单位、机关被撤销,该工会组织相应撤销,并报告上一级工会。"因此,撤销工会组织,只有在企业关闭、合并或者破产及其他形式的企业终止,以及机关、事业单位被撤销,使基层工会组织失去存在的基础,基层工会组织才可以随之撤销。除了《工会法》第十二条规定外,《中共中央关于加强和改善党对工会、共青团、妇联工作领导的通知》明确提出不得把工会的机构撤销、合并或归属于其他工作部门。

根据《工会法》第五十三条规定,对于非法撤销、合并工会组织的,可以要求由县级以上人民政府责令改正,依法处理。县级以上人民政府应当责令有关责任人立即停止违法行为;对拒不改正的,或给予行政处罚,或给予违法行为直接责任人行政处分;对有关企业可以给予通报批评,责成其进行必要的整顿等。因此,对非法撤销、合并企业工会组织的行为,上级工会要通过法律途径积极予以纠正,维护企业工会组织的合法权益,维护工会组织体系的完整。

注意事项

1. 重视对《工会法》相关规定的落实

针对一些企业不组建工会,拖欠、拒缴会费,侵犯工会或工会干部合法权益的行为,《工会法》专章规定了应当承担的法律责任。对于各种阻碍基层工会组建的行为,《工会法》加大了处罚力度,明确了违反《工会法》要承担相应的行政责任、民事责任等责任。要重视《工会法》的落实,当出现阻碍基层工会组建的情况时,应当依照《工会法》的规定,明确相关的责任人和应当承担的责任,从而有力保障基层工会依法有效地开展工作。

2. 加强对法律法规的宣传教育

随着外商投资企业、私营企业等非公有制企业的发展,在这些经济组织中组建工会的任务越来越重。基层工会组建困难的主要原因有:

(1) 一些外商投资企业、私营企业对工会的性质和作用存在疑虑和抵触。

(2) 一些外商投资企业、私营企业对缴纳2%的工会经费难以认同,致使工会组建困难。

(3) 一些企业本身有违法行为,不能保障职工合法权益,因此担心工会组织监督,减少企业利润。

为此,应当加强对法律法规的宣传教育,让企业充分认识到工会的作用以及阻碍工会建立的法律责任,推动基层工会组建工作的顺利进行。

附 录

中国工会章程

(2018年10月26日中国工会
第十七次全国代表大会通过)

总 则

中国工会是中国共产党领导的职工自愿结合的工人阶级群众组织,是党联系职工群众的桥梁和纽带,是国家政权的重要社会支柱,是会员和职工利益的代表。

中国工会以宪法为根本活动准则,按照《中华人民共和国工会法》和本章程独立自主地开展工作,依法行使权利和履行义务。

工人阶级是我国的领导阶级,是先进生产力和生产关系的代表,是中国共产党最坚实最可靠的阶级基础,是改革开放和社会主义现代化建设的主力军,是维护社会安定的强大而集中的社会力量。中国工会高举中国特色社会主义伟大旗帜,以马克思列宁主义、毛泽东思想、邓小平理论、"三个代表"重要思想、科学发展观、习近平新时代中国特色社会主义思想为指导,贯彻执行党的以经济建设为中心,坚持四项基本原则,坚持改革开放的基本路线,保持和增强政治性、先进性、群众性,坚定不移地走中国特色社会主义工会发展道路，推动党的全心全意依靠工人阶级的根本指导方针的贯彻落实，全面履行工会的社会职能，在维护全国人民总体利益的同时，更好地表达和维护职工的具体利益，团结和动员全国职工自力更生、艰苦创业，坚持和发展中国特色社会主义，为全面建成小康社会、把我国建设成为富强民主文明和谐美丽的社会主义现代化强国、实现中华民族伟大复兴的中国梦而奋斗。

中国工会坚持自觉接受中国共产党的领导，承担团结引导职工群众听党话、跟党走的政治责任，巩固和扩大党执政的阶级基础和群众基础。

中国工会的基本职责是维护职工合法权益、竭诚服务职工群众。

中国工会按照中国特色社会主义事业"五位一体"总体布局和"四个全面"战略布局，贯彻创新、协调、绿色、开放、共享的发展理念，把握为实现中华民族伟大复兴的中国梦而奋斗的工人运动时代主题，弘扬劳模精神、劳动精神、工匠精神，动员和组织职工积极参加建设和改革，努力促进经济、政治、文化、社会和生态文明建设；代表和组织职工参与国家和社会事务管理，参与企业、事业单位和机关的民主管理；教育职工践行社会主义核心价值观，不断提高思想道德素质、科学文化素质和技术技能素质，推进产业工人队伍建设改革，建设有理想、有道德、有文化、有纪律的职工队伍，不断发展工人阶级先进性。

中国工会以忠诚党的事业、竭诚服务职工为己任，坚持组织起来、切实维权的工作方针，坚持以职工为本、主动依法科学维权的维权观,促进完善社会主义劳动法律,维护职工的经济、政治、文化和社会权利,参与协调劳动关系和社会利益关系,推动构建和谐劳动关系,促进经济高质量发展和社会的长期稳定,维护工人阶级和工会组织的团结统一,为构建社会主义和谐社会作贡献。

中国工会维护工人阶级领导的、以工农联盟为基础的人民民主专政的社会主义国家政权,协助人民政府开展工作,依法发挥民主参与和社会监督作用。

中国工会在企业、事业单位中,按照促进企事业发展、维护职工权益的原则,支持行政依法行使管理权力,组织职工参加民主管理和民主监督,与行政方面建立协商制度,保障职工的合法权益,调动职工的积极性,促进企业、事业的发展。

中国工会实行产业和地方相结合的组织领导原则,坚持民主集中制。

中国工会坚持以改革创新精神加强自身建设,构建联系广泛、服务职工的工作体系,增强团结教育、维护权益、服务职工的功能,坚持群众化、民主化,保持同会员群众的密切联系,依靠会员群众开展工会工作。各级工会领导机关坚持把工作重点放到基层,着力扩大覆盖面、增强代表性,着力强化服务意识、提高维权能力,着力加强队伍建设、提升保障水平,坚持服务职工群众的工作生命线,全心全意为基层、为职工服务,构建智慧工会,增强基层工会的吸引力凝聚力战斗力,把工会组织建设得更加充满活力、更加坚强有力,成为深受职工群众信赖的学习型、服务型、创新型"职工之家"。

工会兴办的企业、事业，坚持公益性、服务性，坚持为改革开放和发展社会生产力服务，为职工群众服务，为推进工运事业服务。

中国工会努力巩固和发展工农联盟，坚持最广泛的爱国统一战线，加强包括香港特别行政区同胞、澳门特别行政区同胞、台湾同胞和海外侨胞在内的全国各族人民的大团结，促进祖国的统一、繁荣和富强。

中国工会在国际事务中坚持独立自主、互相尊重、求同存异、加强合作、增进友谊的方针，在独立、平等、互相尊重、互不干涉内部事务的原则基础上，广泛建立和发展同国际和各国工会组织的友好关系，积极参与"一带一路"建设，增进我国工人阶级同各国工人阶级的友谊，同全世界工人和工会一起，在推动构建人类命运共同体中发挥作用，为世界的和平、发展、合作、工人权益和社会进步而共同努力。

中国工会落实新时代党的建设总要求，以党的政治建设为统领，全面加强党的建设，增强政治意识、大局意识、核心意识、看齐意识，坚定道路自信、理论自信、制度自信、文化自信，坚决维护习近平总书记党中央的核心、全党的核心地位，坚决维护党中央权威和集中统一领导，在思想上政治上行动上同以习近平同志为核心的党中央保持高度一致。

第一章　会　员

第一条　凡在中国境内的企业、事业单位、机关和其他社会组织中,以工资收入为主要生活来源或者与用人单位建立劳动关系的体力劳动者和脑力劳动者,不分民族、种族、性别、职业、宗教信仰、教育程度,承认工会章程,都可以加入工会为会员。

第二条　职工加入工会,由本人自愿申请,经工会基层委员会批准并发给会员证。

第三条　会员享有以下权利:

(一)选举权、被选举权和表决权。

(二)对工会工作进行监督,提出意见和建议,要求撤换或者罢免不称职的工会工作人员。

(三)对国家和社会生活问题及本单位工作提出批评与建议,要求工会组织向有关方面如实反映。

(四)在合法权益受到侵犯时,要求工会给予保护。

(五)工会提供的文化、教育、体育、旅游、疗休养、互助保障、生活救助、法律服务、就业服务等优惠待遇;工会给予的各种奖励。

(六)在工会会议和工会媒体上,参加关于工会工作和职工关心问题的讨论。

第四条　会员履行下列义务:

(一)认真学习贯彻习近平新时代中国特色社会主义思想,学习政治、经济、文化、法律、科学、技术和工会基本知识等。

（二）积极参加民主管理，努力完成生产和工作任务，立足本职岗位建功立业。

（三）遵守宪法和法律，践行社会主义核心价值观，弘扬中华民族传统美德，恪守社会公德、职业道德、家庭美德、个人品德，遵守劳动纪律。

（四）正确处理国家、集体、个人三者利益关系，向危害国家、社会利益的行为作斗争。

（五）维护中国工人阶级和工会组织的团结统一，发扬阶级友爱，搞好互助互济。

（六）遵守工会章程，执行工会决议，参加工会活动，按月交纳会费。

第五条 会员组织关系随劳动（工作）关系变动，凭会员证明接转。

第六条 会员有退会自由。会员退会由本人向工会小组提出，由工会基层委员会宣布其退会并收回会员证。

会员没有正当理由连续六个月不交纳会费、不参加工会组织生活，经教育拒不改正，应当视为自动退会。

第七条 对不执行工会决议、违反工会章程的会员，给予批评教育。对严重违法犯罪并受到刑事处分的会员，开除会籍。开除会员会籍，须经工会小组讨论，提出意见，由工会基层委员会决定，报上一级工会备案。

第八条 会员离休、退休和失业，可保留会籍。保留会籍期间免交会费。

工会组织要关心离休、退休和失业会员的生活，积极向有关方面反映他们的愿望和要求。

第二章　组织制度

第九条　中国工会实行民主集中制，主要内容是：

（一）个人服从组织，少数服从多数，下级组织服从上级组织。

（二）工会的各级领导机关，除它们派出的代表机关外，都由民主选举产生。

（三）工会的最高领导机关，是工会的全国代表大会和它所产生的中华全国总工会执行委员会。工会的地方各级领导机关，是工会的地方各级代表大会和它所产生的总工会委员会。

（四）工会各级委员会，向同级会员大会或者会员代表大会负责并报告工作，接受会员监督。会员大会和会员代表大会有权撤换或者罢免其所选举的代表和工会委员会组成人员。

（五）工会各级委员会，实行集体领导和分工负责相结合的制度。凡属重大问题由委员会民主讨论，作出决定，委员会成员根据集体的决定和分工，履行自己的职责。

（六）工会各级领导机关，加强对下级组织的领导和服务，经常向下级组织通报情况，听取下级组织和会员的意见，研究和解决他们提出的问题。下级组织应及时向上级组织请示报告工作。

第十条　工会各级代表大会的代表和委员会的产生，要充分体现选举人的意志。候选人名单，要反复酝酿，充分讨论。选举采用无记名投票方式，可以直接采用候选人数多于应选人数的差额选举办法进行正式选举，也可以先采用差额选举办法进行预选，产生候选人名单，然后进行正式选举。任何组织和个人，不得以任何方式强迫选举人选举或不选举某个人。

第十一条 中国工会实行产业和地方相结合的组织领导原则。同一企业、事业单位、机关和其他社会组织中的会员，组织在一个工会基层组织中；同一行业或者性质相近的几个行业，根据需要建立全国的或者地方的产业工会组织。除少数行政管理体制实行垂直管理的产业，其产业工会实行产业工会和地方工会双重领导，以产业工会领导为主外，其他产业工会均实行以地方工会领导为主，同时接受上级产业工会领导的体制。各产业工会的领导体制，由中华全国总工会确定。

省、自治区、直辖市，设区的市和自治州，县（旗）、自治县、不设区的市建立地方总工会。地方总工会是当地地方工会组织和产业工会地方组织的领导机关。全国建立统一的中华全国总工会。中华全国总工会是各级地方总工会和各产业工会全国组织的领导机关。

中华全国总工会执行委员会委员和产业工会全国委员会委员实行替补制，各级地方总工会委员会委员和地方产业工会委员会委员，也可以实行替补制。

第十二条 县和县以上各级地方总工会委员会，根据工作需要可以派出代表机关。

县和县以上各级工会委员会，在两次代表大会之间，认为有必要时，可以召集代表会议，讨论和决定需要及时解决的重大问题。代表会议代表的名额和产生办法，由召集代表会议的总工会决定。

全国产业工会、各级地方产业工会、乡镇工会和城市街道工会的委员会，可以按照联合制、代表制原则，由下一级工会组织民主选举的主要负责人和适当比例的有关方面代表组成。

上级工会可以派员帮助和指导用人单位的职工组建工会。

第十三条 各级工会代表大会选举产生同级经费审查委员会。中华全国总工会经费审查委员会设常务委员会，省、自治区、直辖市总工会经费审查委员会和独立管理经费的全国产业工会经费审查委员会，应当设常务委员会。经费审查委员会负责审查同级工会组织及其直属企业、事业单位的经费收支和资产管理情况，监督财经法纪的贯彻执行和工会经费的使用，并接受上级工会经费审查委员会的指导和监督。工会经费审查委员会向同级会员大会或会员代表大会负责并报告工作；在大会闭会期间，向同级工会委员会负责并报告工作。

上级经费审查委员会应当对下一级工会及其直属企业、事业单位的经费收支和资产管理情况进行审查。

中华全国总工会经费审查委员会委员实行替补制，各级地方总工会经费审查委员会委员和独立管理经费的产业工会经费审查委员会委员，也可以实行替补制。

第十四条 各级工会建立女职工委员会，表达和维护女职工的合法权益。女职工委员会由同级工会委员会提名，在充分协商的基础上组成或者选举产生,女职工委员会与工会委员会同时建立,在同级工会委员会领导下开展工作。企业工会女职工委员会是县或者县以上妇联的团体会员,通过县以上地方工会接受妇联的业务指导。

第十五条 县和县以上各级工会组织应当建立法律服务机构,为保护职工和工会组织的合法权益提供服务。

各级工会组织应当组织和代表职工开展劳动法律监督。

第十六条 成立或者撤销工会组织,必须经会员大会或者会员代表大会通过,并报上一级工会批准。工会基层组织所在的企业终止,或者所在的事业单位、机关和其他社会组织被撤销,该工会组织相应撤销,并报上级工会备案。其他组织和个人不得随意撤销工会组织,也不得把工会组织的机构撤销、合并或者归属其他工作部门。

第三章 全国组织

第十七条 中国工会全国代表大会,每五年举行一次,由中华全国总工会执行委员会召集。在特殊情况下,由中华全国总工会执行委员会主席团提议,经执行委员会全体会议通过,可以提前或者延期举行。代表名额和代表选举办法由中华全国总工会决定。

第十八条 中国工会全国代表大会的职权是:

(一)审议和批准中华全国总工会执行委员会的工作报告。

(二)审议和批准中华全国总工会执行委员会的经费收支情况报告和经费审查委员会的工作报告。

（三）修改中国工会章程。

（四）选举中华全国总工会执行委员会和经费审查委员会。

第十九条 中华全国总工会执行委员会，在全国代表大会闭会期间，负责贯彻执行全国代表大会的决议，领导全国工会工作。

执行委员会全体会议选举主席一人、副主席若干人、主席团委员若干人，组成主席团。

执行委员会全体会议由主席团召集，每年至少举行一次。

第二十条 中华全国总工会执行委员会全体会议闭会期间，由主席团行使执行委员会的职权。主席团全体会议，由主席召集。

主席团闭会期间，由主席、副主席组成的主席会议行使主席团职权。主席会议由中华全国总工会主席召集并主持。

主席团下设书记处，由主席团在主席团成员中推选第一书记一人，书记若干人组成。书记处在主席团领导下，主持中华全国总工会的日常工作。

第二十一条 产业工会全国组织的设置，由中华全国总工会根据需要确定。

产业工会全国委员会的建立，经中华全国总工会批准，可以按照联合制、代表制原则组成，也可以由产业工会全国代表大会选举产生。全国委员会每届任期五年。任期届满，应当如期召开会议，进行换届选举。在特殊情况下，经中华全国总工会批准，可以提前或者延期举行。

产业工会全国代表大会和按照联合制、代表制原则组成的产业工会全国委员会全体会议的职权是：审议和批准产业工会全国委员会的工作报告；选举产业工会全国委员会或者产业工会全国委员会常务委员会。独立管理经费的产业工会，选举经费审查委员会，并向产业工会全国代表大会或者委员会全体会议报告工作。产业工会全国委员会常务委员会由主席一人、副主席若干人、常务委员若干人组成。

第四章　地方组织

第二十二条　省、自治区、直辖市，设区的市和自治州，县（旗）、自治县、不设区的市的工会代表大会，由同级总工会委员会召集，每五年举行一次。在特殊情况下，由同级总工会委员会提议，经上一级工会批准，可以提前或者延期举行。工会的地方各级代表大会的职权是：

（一）审议和批准同级总工会委员会的工作报告。

（二）审议和批准同级总工会委员会的经费收支情况报告和经费审查委员会的工作报告。

（三）选举同级总工会委员会和经费审查委员会。

各级地方总工会委员会，在代表大会闭会期间，执行上级工会的决定和同级工会代表大会的决议，领导本地区的工会工作，定期向上级总工会委员会报告工作。

根据工作需要，省、自治区总工会可在地区设派出代表机关。直辖市和设区的市总工会在区一级建立总工会。

县和城市的区可在乡镇和街道建立乡镇工会和街道工会组织，具备条件的，建立总工会。

第二十三条　各级地方总工会委员会选举主席一人、副主席若干人、常务委员若干人，组成常务委员会。工会委员会、常务委员会和主席、副主席以及经费审查委员会的选举结果，报上一级总工会批准。

各级地方总工会委员会全体会议，每年至少举行一次，由常务委员会召集。各级地方总工会常务委员会，在委员会全体会议闭会期间，行使委员会的职权。

第二十四条　各级地方产业工会组织的设置，由同级地方总工会根据本地区的实际情况确定。

第五章　基层组织

第二十五条　企业、事业单位、机关和其他社会组织等基层单位，应当依法建立工会组织。社区和行政村可以建立工会组织。从实际出发，建立区域性、行业性工会联合会，推进新经济组织、新社会组织工会组织建设。

有会员二十五人以上的，应当成立工会基层委员会；不足二十五人的，可以单独建立工会基层委员会，也可以由两个以上单位的会员联合建立工会基层委员会，也可以选举组织员或者工会主席一人，主持基层工会工作。工会基层委员会有女会员十人以上的建立女职工委员会，不足十人的设女职工委员。

职工二百人以上企业、事业单位的工会设专职工会主席。工会专职工作人员的人数由工会与企业、事业单位协商确定。

基层工会具备法人条件，依法取得社团法人资格，工会主席为法定代表人。

第二十六条 工会基层组织的会员大会或者会员代表大会，每年至少召开一次。经基层工会委员会或者三分之一以上的工会会员提议，可以临时召开会员大会或者会员代表大会。工会会员在一百人以下的基层工会应当召开会员大会。

工会会员大会或者会员代表大会的职权是：

（一）审议和批准工会基层委员会的工作报告。

（二）审议和批准工会基层委员会的经费收支情况报告和经费审查委员会的工作报告。

（三）选举工会基层委员会和经费审查委员会。

（四）撤换或者罢免其所选举的代表或者工会委员会组成人员。

（五）讨论决定工会工作的重大问题。

工会基层委员会和经费审查委员会每届任期三年至五年，具体任期由会员大会或者会员代表大会决定。任期届满，应当如期召开会议，进行换届选举。在特殊情况下，经上一级工会批准，可以提前或者延期举行。

会员代表大会的代表实行常任制，任期与本单位工会委员会相同。

第二十七条 工会基层委员会的委员，应当在会员或者会员代表充分酝酿协商的基础上选举产生；主席、副主席，可以由会员大会或者会员代表大会直接选举产生，也可以由工会基层委员会选举产生。大型企业、事业单位的工会委员会，根据工作需要，经上级工会委员会批准，可以设立常务委员会。工会基层委员会、常务委员会和主席、副主席以及经费审查委员会的选举结果，报上一级工会批准。

第二十八条　工会基层委员会的基本任务是：

（一）执行会员大会或者会员代表大会的决议和上级工会的决定，主持基层工会的日常工作。

（二）代表和组织职工依照法律规定，通过职工代表大会、厂务公开和其他形式，参加本单位民主管理和民主监督，在公司制企业落实职工董事、职工监事制度。企业、事业单位工会委员会是职工代表大会工作机构，负责职工代表大会的日常工作，检查、督促职工代表大会决议的执行。

（三）参与协调劳动关系和调解劳动争议，与企业、事业单位行政方面建立协商制度，协商解决涉及职工切身利益问题。帮助和指导职工与企业、事业单位行政方面签订和履行劳动合同，代表职工与企业、事业单位行政方面签订集体合同或者其他专项协议，并监督执行。

（四）组织职工开展劳动和技能竞赛、合理化建议、技能培训、技术革新和技术协作等活动，培育工匠人才，总结推广先进经验。做好劳动模范和先进生产（工作）者的评选、表彰、培养和管理服务工作。

（五）加强对职工的政治引领和思想教育，开展法治宣传教育，重视人文关怀和心理疏导，鼓励支持职工学习文化科学技术和管理知识,开展健康的文化体育活动。推进企业文化职工文化建设,办好工会文化、教育、体育事业。

(六)监督有关法律、法规的贯彻执行。协助和督促行政方面做好工资、安全生产、职业病防治和社会保险等方面的工作,推动落实职工福利待遇。办好职工集体福利事业,改善职工生活,对困难职工开展帮扶。依法参与生产安全事故和职业病危害事故的调查处理。

(七)维护女职工的特殊利益,同歧视、虐待、摧残、迫害女职工的现象作斗争。

(八)搞好工会组织建设,健全民主制度和民主生活。建立和发展工会积极分子队伍。做好会员的发展、接收、教育和会籍管理工作。加强职工之家建设。

(九)收好、管好、用好工会经费,管理好工会资产和工会的企业、事业。

第二十九条 教育、科研、文化、卫生、体育等事业单位和机关工会,从脑力劳动者比较集中的特点出发开展工作,积极了解和关心职工的思想、工作和生活,推动党的知识分子政策的贯彻落实。组织职工搞好本单位的民主管理和民主监督,为发挥职工的聪明才智,创造良好的条件。

第三十条 工会基层委员会根据工作需要,可以在分厂、车间(科室)建立分厂、车间(科室)工会委员会。分厂、车间(科室)工会委员会由分厂、车间(科室)会员大会或者会员代表大会选举产生,任期和工会基层委员会相同。

工会基层委员会和分厂、车间（科室）委员会，可以根据需要设若干专门委员会或者专门小组。

按照生产（行政）班组建立工会小组，民主选举工会小组长，积极开展工会小组活动。

第六章　工会干部

第三十一条　各级工会组织按照革命化、年轻化、知识化、专业化的要求，努力建设一支坚持党的基本路线，熟悉本职业务，热爱工会工作，受到职工信赖的干部队伍。

第三十二条　工会干部要努力做到：

（一）认真学习马克思列宁主义、毛泽东思想、邓小平理论、"三个代表"重要思想、科学发展观、习近平新时代中国特色社会主义思想，学习政治、经济、历史、文化、科技、法律和工会业务等知识，提高政治能力，增强群众工作本领。

（二）执行党的基本路线和各项方针政策，遵守国家法律、法规，在改革开放和社会主义现代化建设中勇于开拓创新。

（三）信念坚定，忠于职守，勤奋工作，敢于担当，廉洁奉公，顾全大局，维护团结。

（四）坚持实事求是，认真调查研究，如实反映职工的意见、愿望和要求。

（五）坚持原则，不谋私利，热心为职工说话办事，依法维护职工的合法权益。

（六）作风民主，联系群众，增强群众意识和群众感情，自觉接受职工群众的批评和监督。

第三十三条　各级工会组织根据有关规定管理工会干部，重视发现培养和选拔优秀年轻干部、女干部、少数民族干部，成为培养干部的重要基地。

基层工会主席、副主席任期未满不得随意调动其工作。因工作需要调动时，应事先征得本级工会委员会和上一级工会同意。

第三十四条　各级工会组织建立与健全干部培训制度。办好工会干部院校和各种培训班。

第三十五条　各级工会组织关心工会干部的思想、学习和生活，督促落实相应的待遇，支持他们的工作，坚决同打击报复工会干部的行为作斗争。

县和县以上工会设立工会干部权益保障金，保障工会干部依法履行职责。

县和县以上工会可以为基层工会选派、聘用工作人员。

第七章　工会经费和资产

第三十六条　工会经费的来源：

（一）会员交纳的会费。

（二）企业、事业单位、机关和其他社会组织按全部职工工资总额的百分之二向工会拨缴的经费或者建会筹备金。

（三）工会所属的企业、事业单位上缴的收入。

（四）人民政府和企业、事业单位、机关和其他社会组织的补助。

（五）其他收入。

第三十七条 工会经费主要用于为职工服务和开展工会活动。各级工会组织应坚持正确使用方向，加强预算管理，优化支出结构，开展监督检查。

第三十八条 县和县以上各级工会应当与税务、财政等有关部门合作，依照规定做好工会经费收缴和应当由财政负担的工会经费拨缴工作。

未成立工会的企业、事业单位、机关和其他社会组织，按工资总额的百分之二向上级工会拨缴工会建会筹备金。

具备社团法人资格的工会应当依法设立独立经费账户。

第三十九条 工会资产是社会团体资产，中华全国总工会对各级工会的资产拥有终极所有权。各级工会依法依规加强对工会资产的监督、管理，保护工会资产不受损害，促进工会资产保值增值。根据经费独立原则，建立预算、决算、资产监管和经费审查监督制度。实行"统一领导、分级管理"的财务体制、"统一所有、分级监管、单位使用"的资产监管体制和"统一领导、分级管理、分级负责、下审一级"的经费审查监督体制。工会经费、资产的管理和使用办法以及工会经费审查监督制度，由中华全国总工会制定。

第四十条 各级工会委员会按照规定编制和审批预算、决算，定期向会员大会或者会员代表大会和上一级工会委员会报告经费收支和资产管理情况，接受上级和同级工会经费审查委员会审查监督。

第四十一条 工会经费、资产和国家及企业、事业单位等拨给工会的不动产和拨付资金形成的资产受法律保护，任何单位和个人不得侵占、挪用和任意调拨；不经批准，不得改变工会所属企业、事业单位的隶属关系和产权关系。

工会组织合并，其经费资产归合并后的工会所有；工会组织撤销或者解散，其经费资产由上级工会处置。

第八章 会 徽

第四十二条 中国工会会徽，选用汉字"中"、"工"两字，经艺术造型呈圆形重叠组成，并在两字外加一圆线，象征中国工会和中国工人阶级的团结统一。会徽的制作标准，由中华全国总工会规定。

第四十三条 中国工会会徽，可在工会办公地点、活动场所、会议会场悬挂，可作为纪念品、办公用品上的工会标志，也可以作为徽章佩戴。

第九章 附 则

第四十四条 本章程解释权属于中华全国总工会。

工会基层组织选举工作条例

(总工发〔2016〕27号　2016年10月9日)

第一章　总　则

第一条　为规范工会基层组织选举工作，加强基层工会建设，发挥基层工会作用，根据《中华人民共和国工会法》《中国工会章程》等有关规定，制定本条例。

第二条　本条例适用于企业、事业单位、机关和其他社会组织单独或联合建立的基层工会委员会。

第三条　基层工会委员会由会员大会或会员代表大会选举产生。工会委员会的主席、副主席，可以由会员大会或会员代表大会直接选举产生，也可以由工会委员会选举产生。

第四条　工会会员享有选举权、被选举权和表决权。保留会籍的人员除外。

第五条　选举工作应坚持党的领导，坚持民主集中制，遵循依法规范、公开公正的原则，尊重和保障会员的民主权利，体现选举人的意志。

第六条　选举工作在同级党组织和上一级工会领导下进行。未建立党组织的在上一级工会领导下进行。

第七条　基层工会委员会换届选举的筹备工作由上届

工会委员会负责。

新建立的基层工会组织选举筹备工作由工会筹备组负责。筹备组成员由同级党组织代表和职工代表组成，根据工作需要，上级工会可以派人参加。

第二章　委员和常务委员名额

第八条　基层工会委员会委员名额，按会员人数确定：

不足 25 人，设委员 3 至 5 人，也可以设主席或组织员 1 人；

25 人至 200 人，设委员 3 至 7 人；

201 人至 1000 人，设委员 7 至 15 人；

1001 人至 5000 人，设委员 15 至 21 人；

5001 人至 10000 人，设委员 21 至 29 人；

10001 人至 50000 人，设委员 29 至 37 人；

50001 人以上，设委员 37 至 45 人。

第九条　大型企事业单位基层工会委员会，经上一级工会批准，可以设常务委员会，常务委员会由 9 至 11 人组成。

第三章　候选人的提出

第十条　基层工会委员会的委员、常务委员会委员和主席、副主席的选举均应设候选人。候选人应信念坚定、为民服务、勤政务实、敢于担当、清正廉洁，热爱工会工作，受到职工信赖。

基层工会委员会委员候选人中应有适当比例的劳模

（先进工作者）、一线职工和女职工代表。

第十一条　单位行政主要负责人、法定代表人、合伙人以及他们的近亲属不得作为本单位工会委员会委员、常务委员会委员和主席、副主席候选人。

第十二条　基层工会委员会的委员候选人，应经会员充分酝酿讨论，一般以工会分会或工会小组为单位推荐。由上届工会委员会或工会筹备组根据多数工会分会或工会小组的意见，提出候选人建议名单，报经同级党组织和上一级工会审查同意后，提交会员大会或会员代表大会表决通过。

第十三条　基层工会委员会的常务委员会委员、主席、副主席候选人，可以由上届工会委员会或工会筹备组根据多数工会分会或工会小组的意见提出建议名单，报经同级党组织和上一级工会审查同意后提出；也可以由同级党组织与上一级工会协商提出建议名单，经工会分会或工会小组酝酿讨论后，由上届工会委员会或工会筹备组根据多数工会分会或工会小组的意见，报经同级党组织和上一级工会审查同意后提出。

根据工作需要，经上一级工会与基层工会和同级党组织协商同意，上一级工会可以向基层工会推荐本单位以外人员作为工会主席、副主席候选人。

第十四条　基层工会委员会的主席、副主席，在任职一年内应按规定参加岗位任职资格培训。凡无正当理由未按规定参加岗位任职资格培训的，一般不再提名为下届主席、副主席候选人。

第四章　选举的实施

第十五条　基层工会组织实施选举前应向同级党组织和上一级工会报告，制定选举工作方案和选举办法。

基层工会委员会委员候选人建议名单应进行公示，公示期不少于5个工作日。

第十六条　会员不足100人的基层工会组织，应召开会员大会进行选举；会员100人以上的基层工会组织，应召开会员大会或会员代表大会进行选举。

召开会员代表大会进行选举的，按照有关规定由会员民主选举产生会员代表。

第十七条　参加选举的人数为应到会人数的三分之二以上时，方可进行选举。

基层工会委员会委员和常务委员会委员应差额选举产生，可以直接采用候选人数多于应选人数的差额选举办法进行正式选举，也可以先采用差额选举办法进行预选产生候选人名单，然后进行正式选举。委员会委员和常务委员会委员的差额率分别不低于5%和10%。常务委员会委员应从新当选的工会委员会委员中产生。

第十八条　基层工会主席、副主席可以等额选举产生，也可以差额选举产生。主席、副主席应从新当选的工会委员会委员中产生，设立常务委员会的应从新当选的常务委员会委员中产生。

第十九条　基层工会主席、副主席由会员大会或会员代表大会直接选举产生的，一般在经营管理正常、劳动关系和谐、职工队伍稳定的中小企事业单位进行。

第二十条　召开会员大会进行选举时，由上届工会委员会或工会筹备组主持；不设委员会的基层工会组织进行选举时，由上届工会主席或组织员主持。

召开会员代表大会进行选举时，可以由大会主席团主持，也可以由上届工会委员会或工会筹备组主持。大会主席团成员由上届工会委员会或工会筹备组根据各代表团（组）的意见，提出建议名单，提交代表大会预备会议表决通过。

召开基层工会委员会第一次全体会议选举常务委员会委员、主席、副主席时，由上届工会委员会或工会筹备组或大会主席团推荐一名新当选的工会委员会委员主持。

第二十一条　选举前，上届工会委员会或工会筹备组或大会主席团应将候选人的名单、简历及有关情况向选举人介绍。

第二十二条　选举设监票人，负责对选举全过程进行监督。

召开会员大会或会员代表大会选举时，监票人由全体会员或会员代表、各代表团（组）从不是候选人的会员或会员代表中推选，经会员大会或会员代表大会表决通过。

召开工会委员会第一次全体会议选举时，监票人从不是常务委员会委员、主席、副主席候选人的委员中推选，经全体委员会议表决通过。

第二十三条　选举采用无记名投票方式。不能出席会议的选举人，不得委托他人代为投票。

选票上候选人的名单按姓氏笔画为序排列。

第二十四条 选举人可以投赞成票或不赞成票，也可以投弃权票。投不赞成票者可以另选他人。

第二十五条 会员或会员代表在选举期间，如不能离开生产、工作岗位，在监票人的监督下，可以在选举单位设立的流动票箱投票。

第二十六条 投票结束后，在监票人的监督下，当场清点选票，进行计票。

选举收回的选票，等于或少于发出选票的，选举有效；多于发出选票的，选举无效，应重新选举。

每张选票所选人数等于或少于规定应选人数的为有效票，多于规定应选人数的为无效票。

第二十七条 被选举人获得应到会人数的过半数赞成票时，始得当选。

获得过半数赞成票的被选举人人数超过应选名额时，得赞成票多的当选。如遇赞成票数相等不能确定当选人时，应就票数相等的被选举人再次投票，得赞成票多的当选。

当选人数少于应选名额时，对不足的名额可以另行选举。如果接近应选名额且符合第八条规定，也可以由大会征得多数会员或会员代表的同意减少名额，不再进行选举。

第二十八条 大会主持人应当场宣布选举结果及选举是否有效。

第二十九条 基层工会委员会、常务委员会和主席、副主席的选举结果，报上一级工会批准。上一级工会自接到报告15日内应予批复。违反规定程序选举的，上一级工会不得批准，应重新选举。

基层工会委员会的任期自选举之日起计算。

第五章　任期、调动、罢免和补选

第三十条　基层工会委员会每届任期三年或五年，具体任期由会员大会或会员代表大会决定。经选举产生的工会委员会委员、常务委员会委员和主席、副主席可连选连任。基层工会委员会任期届满，应按期换届选举。遇有特殊情况，经上一级工会批准，可以提前或延期换届，延期时间一般不超过半年。

上一级工会负责督促指导基层工会组织按期换届。

第三十一条　基层工会主席、副主席任期未满时，不得随意调动其工作。因工作需要调动时，应征得本级工会委员会和上一级工会的同意。

第三十二条　经会员大会或会员代表大会民主测评和上级工会与同级党组织考察，需撤换或罢免工会委员会委员、常务委员会委员和主席、副主席时，须依法召开会员大会或会员代表大会讨论，非经会员大会全体会员或会员代表大会全体代表无记名投票过半数通过，不得撤换或罢免。

第三十三条　基层工会主席因工作调动或其他原因空缺时，应及时按照相应民主程序进行补选。

补选主席，如候选人是委员的，可以由工会委员会选举产生，也可以由会员大会或会员代表大会选举产生；如候选人不是委员的，可以经会员大会或会员代表大会补选为委员后，由工会委员会选举产生，也可以由会员大会或会员代表大会选举产生。

补选主席的任期为本届工会委员会尚未履行的期限。

补选主席前征得同级党组织和上一级工会的同意，可暂由一名副主席或委员主持工作，期限一般不超过半年。

第六章 经费审查委员会

第三十四条 凡建立一级工会财务管理的基层工会组织，应在选举基层工会委员会的同时，选举产生经费审查委员会。

第三十五条 基层工会经费审查委员会委员名额一般3至11人。经费审查委员会设主任1人，可根据工作需要设副主任1人。

基层工会的主席、分管财务和资产的副主席、财务和资产管理部门的人员，不得担任同级工会经费审查委员会委员。

第三十六条 基层工会经费审查委员会由会员大会或会员代表大会选举产生。主任、副主任可以由经费审查委员会全体会议选举产生，也可以由会员大会或会员代表大会选举产生。

第三十七条 基层工会经费审查委员会的选举结果，与基层工会委员会选举结果同时报上一级工会批准。

基层工会经费审查委员会的任期与基层工会委员会相同。

第七章　女职工委员会

第三十八条　基层工会组织有女会员 10 人以上的建立女职工委员会，不足 10 人的设女职工委员。女职工委员会与基层工会委员会同时建立。

第三十九条　基层工会女职工委员会委员由同级工会委员会提名，在充分协商的基础上产生，也可召开女职工大会或女职工代表大会选举产生。

第四十条　基层工会女职工委员会主任由同级工会女主席或女副主席担任，也可经民主协商，按照相应条件配备女职工委员会主任。女职工委员会主任应提名为同级工会委员会或常务委员会委员候选人。基层工会女职工委员会主任、副主任名单，与工会委员会选举结果同时报上一级工会批准。

第八章　附　　则

第四十一条　乡镇（街道）、开发区（工业园区）、村（社区）建立的工会委员会，县级以下建立的区域（行业）工会联合会如进行选举的，参照本条例执行。

第四十二条　本条例由中华全国总工会负责解释。

第四十三条　本条例自发布之日起施行，以往有关规定与本条例不一致的，以本条例为准。1992 年 5 月 18 日全国总工会办公厅印发的《工会基层组织选举工作暂行条例》同时废止。

基层工会会员代表大会条例

(总工发〔2019〕6号 2019年1月15日)

第一章 总 则

第一条 为完善基层工会会员代表大会制度,推进基层工会民主化、规范化、法治化建设,增强基层工会政治性、先进性、群众性,激发基层工会活力,发挥基层工会作用,根据《中华人民共和国工会法》《中国工会章程》等有关规定,制定本条例。

第二条 本条例适用于企业、事业单位、机关、社会团体和其他社会组织单独或联合建立的基层工会组织。

乡镇(街道)、开发区(工业园区)、村(社区)建立的工会委员会,县级以下建立的区域(行业)工会联合会,如召开会员代表大会的,依照本条例执行。

第三条 会员不足100人的基层工会组织,应召开会员大会;会员100人以上的基层工会组织,应召开会员大会或会员代表大会。

第四条 会员代表大会是基层工会的最高领导机构,讨论决定基层工会重大事项,选举基层工会领导机构,并对其进行监督。

第五条 会员代表大会实行届期制,每届任期三年或五年，具体任期由会员代表大会决定。会员代表大会任期届满，应按期换届。遇有特殊情况，经上一级工会批准，可以提前或延期换届，延期时间一般不超过半年。会员代表大会每年至少召开一次，经基层工会委员会、三分之一以上的会员或三分之一以上的会员代表提议，可以临时召开会员代表大会。

第六条 会员代表大会应坚持党的领导，坚持民主集中制，坚持依法规范，坚持公开公正，切实保障会员的知情权、参与权、选举权、监督权。

第七条 基层工会召开会员代表大会应向同级党组织和上一级工会报告。换届选举、补选、罢免基层工会委员会组成人员的，应向同级党组织和上一级工会书面报告。上一级工会对下一级工会召开会员代表大会进行指导和监督。

第二章 会员代表大会的组成和职权

第八条 会员代表的组成应以一线职工为主，体现广泛性和代表性。中层正职以上管理人员和领导人员一般不得超过会员代表总数的20%。女职工、青年职工、劳动模范（先进工作者）等会员代表应占一定比例。

第九条 会员代表名额，按会员人数确定：

会员100至200人的，设代表30至40人；

会员201至1000人的，设代表40至60人；

会员1001至5000人的，设代表60至90人；

会员5001至10000人的，设代表90至130人；

会员 10001 至 50000 人的，设代表 130 至 180 人；

会员 50001 人以上的，设代表 180 至 240 人。

第十条　会员代表的选举和会议筹备工作由基层工会委员会负责，新成立基层工会的由工会筹备组负责。

第十一条　会员代表大会根据需要，可以设立专门工作委员会（小组），负责办理会员代表大会交办的具体事项。

第十二条　会员代表大会的职权是：

（一）审议和批准基层工会委员会的工作报告；

（二）审议和批准基层工会委员会经费收支预算决算情况报告、经费审查委员会工作报告；

（三）开展会员评家，评议基层工会开展工作、建设职工之家情况，评议基层工会主席、副主席履行职责情况；

（四）选举和补选基层工会委员会和经费审查委员会组成人员；

（五）选举和补选出席上一级工会代表大会的代表；

（六）罢免其所选举的代表、基层工会委员会组成人员；

（七）讨论决定基层工会其他重大事项。

第三章　会员代表

第十三条　会员代表应由会员民主选举产生，不得指定会员代表。劳务派遣工会员民主权利的行使，如用人单位工会与用工单位工会有约定的，依照约定执行；如没有约定或约定不明确的，在劳务派遣工会员会籍所在工会行使。

第十四条 会员代表应具备以下条件：

（一）工会会员，遵守工会章程，按期缴纳会费；

（二）拥护党的领导，有较强的政治觉悟；

（三）在生产、工作中起骨干作用，有议事能力；

（四）热爱工会工作，密切联系职工群众，热心为职工群众说话办事；

（五）在职工群众中有一定的威信，受到职工群众信赖。

第十五条 会员代表的选举，一般以下一级工会或工会小组为选举单位进行，两个以上会员人数较少的下一级工会或工会小组可作为一个选举单位。

会员代表由选举单位会员大会选举产生。规模较大、管理层级较多的单位，会员代表可由下一级会员代表大会选举产生。

第十六条 选举单位按照基层工会确定的代表候选人名额和条件，组织会员讨论提出会员代表候选人，召开有三分之二以上会员或会员代表参加的大会，采取无记名投票方式差额选举产生会员代表，差额率不低于15%。

第十七条 会员代表候选人，获得选举单位全体会员过半数赞成票时，方能当选；由下一级会员代表大会选举时，其代表候选人获得应到会代表人数过半数赞成票时，方能当选。

第十八条 会员代表选出后，应由基层工会委员会或工会筹备组，对会员代表人数及人员结构进行审核，并对会员代表进行资格审查。符合条件的会员代表人数少于原定代表人数的，可以把剩余的名额再分配，进行补选，也可以在符合规定人数情况下减少代表名额。

第十九条 会员代表实行常任制，任期与会员代表大会届期一致，会员代表可以连选连任。

第二十条 会员代表的职责是：

（一）带头执行党的路线、方针、政策，自觉遵守国家法律法规和本单位的规章制度，努力完成生产、工作任务；

（二）在广泛听取会员意见和建议的基础上，向会员代表大会提出提案；

（三）参加会员代表大会，听取基层工会委员会和经费审查委员会的工作报告，讨论和审议代表大会的各项议题，提出审议意见和建议；

（四）对基层工会委员会及代表大会各专门委员会（小组）的工作进行评议，提出批评、建议；对基层工会主席、副主席进行民主评议和民主测评，提出奖惩和任免建议；

（五）保持与选举单位会员群众的密切联系，热心为会员说话办事，积极为做好工会各项工作献计献策；

（六）积极宣传贯彻会员代表大会的决议精神，对工会委员会落实会员代表大会决议情况进行监督检查，团结和带动会员群众完成会员代表大会提出的各项任务。

第二十一条 选举单位可单独或联合组成代表团（组），推选团（组）长。团（组）长根据会员代表大会议程，组织会员代表参加大会各项活动；在会员代表大会闭会期间，按照基层工会的安排，组织会员代表开展日常工作。

第二十二条 基层工会讨论决定重要事项,可事先召开代表团(组)长会议征求意见,也可根据需要,邀请代表团(组)长列席会议。

第二十三条 基层工会应建立会员代表调研、督查等工作制度,充分发挥会员代表作用。

第二十四条 会员代表在法定工作时间内依法参加会员代表大会及工会组织的各项活动,单位应当正常支付劳动报酬,不得降低其工资和其他福利待遇。

第二十五条 有下列情形之一的,会员代表身份自然终止:

(一)在任期内工作岗位跨选举单位变动的;

(二)与用人单位解除、终止劳动(工作)关系的;

(三)停薪留职、长期病事假、内退、外派超过一年,不能履行会员代表职责的。

第二十六条 会员代表对选举单位会员负责,接受选举单位会员的监督。

第二十七条 会员代表有下列情形之一的,可以罢免:

(一)不履行会员代表职责的;

(二)严重违反劳动纪律或单位规章制度,对单位利益造成严重损害的;

(三)被依法追究刑事责任的;

(四)其他需要罢免的情形。

第二十八条 选举单位工会或三分之一以上会员或会员代表有权提出罢免会员代表。会员或会员代表联名提出罢免的,选举单位工会应及时召开会员代表大会进行表决。

第二十九条 罢免会员代表,应经过选举单位全体会员过半数通过;由会员代表大会选举产生的代表,应经过会员代表大会应到会代表的过半数通过。

第三十条 会员代表出现缺额,原选举单位应及时补选。缺额超过会员代表总数四分之一时,应在三个月内进行补选。补选会员代表应依照选举会员代表的程序,进行差额选举,差额率应按照第十六条规定执行。补选的会员代表应报基层工会委员会进行资格审查。

第四章 会员代表大会的召开

第三十一条 每届会员代表大会第一次会议召开前,应将会员代表大会的组织机构、会员代表的构成、会员代表大会主要议程等重要事项,向同级党组织和上一级工会书面报告。上一级工会接到报告后应于15日内批复。

第三十二条 每届会员代表大会第一次会议召开前,基层工会委员会或工会筹备组应对会员代表进行专门培训,培训内容应包括工会基本知识、会员代表大会的性质和职能、会员代表的权利和义务、大会选举办法等。

第三十三条 会员代表全部选举产生后,应在一个月内召开本届会员代表大会第一次会议。

第三十四条 会员代表大会召开前,会员代表应充分听取会员意见建议,积极提出与会员切身利益和工会工作密切相关的提案,经基层工会委员会或工会筹备组审查后,决定是否列入大会议程。

第三十五条 召开会员代表大会,应提前5个工作日将会议日期、议程和提交会议讨论的事项通知会员代表。

第三十六条　每届会员代表大会第一次会议召开前，可举行预备会议，听取会议筹备情况的报告，审议通过关于会员代表资格审查情况的报告，讨论通过选举办法，通过大会议程和其他有关事项。

第三十七条　召开会员代表大会时，未当选会员代表的经费审查委员会委员、女职工委员会委员应列席会议，也可以邀请有关方面的负责人或代表列席会议。可以邀请获得荣誉称号的人员、曾经作出突出贡献的人员作为特邀代表参加会议。

列席人员和特邀代表仅限本次会议，可以参加分组讨论，不承担具体工作，不享有选举权、表决权。

第三十八条　基层工会委员会、经费审查委员会及女职工委员会的选举工作，依照《工会基层组织选举工作条例》规定执行。

第三十九条　会员代表大会应每年对基层工会开展工作、建设职工之家和工会主席、副主席履行职责等情况进行民主评议，在民主评议的基础上，以无记名投票方式进行测评，测评分为满意、基本满意、不满意三个等次。测评结果应及时公开，并书面报告同级党组织和上一级工会。基层工会主席、副主席测评办法应由会员代表大会表决通过，并报上一级工会备案。

第四十条　基层工会主席、副主席，具有下列情形之一的，可以罢免：

（一）连续两年测评等次为不满意的；

（二）任职期间个人有严重过失的；

（三）被依法追究刑事责任的；

（四）其他需要罢免的情形。

基层工会委员会委员具有上述（二）（三）（四）项情形的，可以罢免。

第四十一条 本届工会委员会、三分之一以上的会员或会员代表可以提议罢免主席、副主席和委员。罢免主席、副主席和委员的，应经同级党组织和上一级工会进行考察，未建立党组织的，由上一级工会考察。经考察，如确认其不能再担任现任职务时，应依法召开会员代表大会进行无记名投票表决，应参会人员过半数通过的，罢免有效，并报上一级工会批准。

第四十二条 规模较大、人数众多、工作地点分散、工作时间不一致，会员代表难以集中的基层工会，可以通过电视电话会议、网络视频会议等方式召开会员代表大会。不涉及无记名投票的事项，可以通过网络进行表决，如进行无记名投票的，可在分会场设立票箱，在规定时间内统一投票、统一计票。

第四十三条 会员代表大会与职工代表大会应分别召开，不得互相代替。如在同一时间段召开的，应分别设置会标、分别设定会议议程、分别行使职权、分别作出决议、分别建立档案。

第四十四条 会员代表大会通过的决议、重要事项和选举结果等应当形成书面文件，并及时向会员公开。

第五章　附　则

第四十五条　除会员代表的特别规定外，召开会员大会依照本条例相关规定执行。

第四十六条　本条例由中华全国总工会负责解释。

第四十七条　本条例自发布之日起施行，以往有关规定与本条例不一致的，以本条例为准。1992年4月14日中华全国总工会办公厅印发的《关于基层工会会员代表大会代表实行常任制的若干暂行规定》同时废止。

中华全国总工会关于进一步加强企业工会工作充分发挥企业工会作用的决定

(总工发〔2010〕39号 2010年7月26日)

中华全国总工会第十五届执行委员会第四次全体会议，认真学习贯彻党中央最近关于发展和谐劳动关系，加大工会维权力度，特别是加强企业工会工作的重要指示精神，全面分析企业工会工作实际，一致认为，企业工会是我国工会的重要组织基础和工作基础。随着改革开放的深化和社会主义市场经济的发展，我国的经济关系和劳动关系日趋复杂，企业工会面临着许多新情况和新挑战。各级工会必须进一步增强政治意识、大局意识、忧患意识、责任意识，认真贯彻"促进企业发展、维护职工权益"的企业工会工作原则，统一思想，增强信心，真抓实干，努力把企业工会建设成为职工信赖的职工之家。为此，就进一步加强企业工会工作、充分发挥企业工会作用作出如下决定。

一、进一步推动规范企业工会组织建设

1. 加大工会组建工作力度，推动企业普遍建立工会组织。以非公有制企业特别是外资企业、港澳台资企业、中小企业为重点领域，继续加大企业工会组建工作力度。深入推进"双措并举、二次覆盖"，建立区域性、行业性基层工会联合会，规范基层工会联合会建设。国有企业发挥示范带头作用，坚决依法纠正企业在改革改制中撤并工会组织、把工会工作机构合并到党群工作部或其他工作部门的错误做法。

2. 以农民工、劳务派遣工为主要对象，最大限度地组织职工加入工会组织。切实提高已建会企业职工入会率，不得以务工时间、用工方式等附加条件限制职工入会。认真贯彻《中华全国总工会关于组织劳务派遣工加入工会的规定》，加强检查督促，务求工作落实。按照持证接转会籍关系的要求，加强会员会籍管理，逐步建立全国工会会员信息库。

3. 进一步规范建会程序，提高建会质量。切实转变建会方式，着力启发职工依法组织和参加工会的自觉性和主动性。规模企业健全工会组织网络，建立工会分会、工会小组和工会积极分子队伍，加强企业工会女职工组织建设。尊重会员主体地位，坚持会员（代表）大会制度和会员代表常任制，推行会务公开，不断提高企业工会的凝聚力。

二、选好配强企业工会主席

4. 企业工会主席产生必须履行民主选举程序。严格按照《企业工会主席产生办法》民主推荐工会主席候选人。制定企业工会主席民主选举办法，完善选举程序，落实有关工会主席任职条件和回避的规定，确保选出的工会主席能代表职工，能为职工说话办事，维护职工权益。依法推进所属职工在 200 人以上的企业工会配备专职主席。

5. 由上级工会聘用的乡镇（街道）工会、区域性、行业性基层工会联合会专职工会工作者，其工资由工会发放。加快上级工会分级负担工会工作者工资试点工作，2011 年全国乡镇（街道）工会、区域性、行业性基层工会联合会聘任工会工作者的工资由上级工会分级负担。

6. 加强对企业工会主席的培训和激励。各级工会特别是县级工会、乡镇（街道）工会要发挥优势，采取就地、就近、短期、专题等培训方式，不断提高企业工会主席的素质。企业工会主席新上岗半年内必须参加培训。落实会员评议职工之家制度，定期组织会员对企业工会主席进行满意度测评。对优秀工会工作者，依据规定评选先进。进一步建立和完善企业工会主席权益保护机制，依法保护其合法权益，支持他们履职尽责。对不能正确履行职责的工会主席，经企业工会委员会或者三分之一以上工会会员提议，报上级工会批准，可以临时召开会员（代表）大会，履行撤换或罢免企业工会主席程序。

三、全面推进平等协商签订集体合同工作

7. 着眼发展和谐劳动关系，推动所有企业普遍建立集体协商机制和集体合同制度。以非公有制企业、中小企业为重点，以劳动定额、工时工价制定为突破口，科学合理确定工资水平，全面推动建立工资集体协商共决机制、正常增长机制和支付保障机制，确保职工工资特别是生产一线职工工资收入水平随着企业效益增长和经济社会发展不断提高。积极推进签订女职工权益保护专项集体合同。

8. 企业工会要健全协商要约制度，对拒绝或变相拒绝要约等违法行为及时向上级工会报告或提请有关部门依法处理。集体协商应有生产一线职工代表参加，集体合同草案应提交职代会或全体职工讨论通过。企业工会可以邀请上级工会或聘请专家帮助开展集体协商，增强集体协商的实效性。帮助指导职工在平等自愿、协商一致的基础上签订劳动合同。监督集体合同和劳动合同的切实履行。

9. 推动小企业集中的地区开展区域性、行业性集体协商，不断创新集体协商的建制形式。积极推动将工资集体协商纳入地方经济社会发展总体规划，制定和实施职工工资集体协商条例等地方法规或政策规定，为开展工资集体协商提供有力保障。到2012年，基本实现已建工会企业建立集体合同制度。

四、坚持和完善企业职工民主管理制度

10. 推动各类企业特别是非公有制企业建立健全以职工代表大会为基本形式的民主管理制度，企业工会履行职工代表大会工作机构的职责。推行厂务公开，推动依法建立职工董事职工监事制度。

11. 监督推动企业在制定、修改或决定直接涉及职工切身利益的规章制度或重大事项时，依法经职工代表大会或者全体职工讨论，提出方案和意见，与工会或职工代表平等协商确定。企业改革改制方案、职工裁减安置方案等必须提交职工代表大会或全体职工讨论通过。推进在县以下建立区域性、行业性职工代表大会制度。

12. 畅通民主渠道，定期召开职工代表大会，督促企业开展经理接待日、劳资恳谈会、总经理信箱、信息公开、网上论坛等多种形式的民主管理工作,落实职工的知情权、参与权、监督权和选举权。

五、关心职工生产生活和精神文化需求

13. 充分发挥工会大学校的作用,以社会主义核心价值体系建设为主线,实施职工素质建设工程。大力弘扬劳模精神和工人阶级伟大品格。推动加强企业文化、职工文化建设,组织开展职工喜闻乐见、丰富多彩的业余文化体育活动,不断满足职工日益增长的精神文化需求。

14. 深入开展建设"职工之家"活动,企业工会干部要做职工贴心人。坚持把加强职工政治思想教育与解决职工实际困难结合起来。企业工会主席要与职工有深厚感情,建立工会主席与职工联系制度,密切联系职工群众,主动倾听职工的意愿和诉求,对职工做到知情、知心,做好困难职工帮扶工作,为职工办好事、办实事、解难事。促进企业改善管理,履行社会责任,加强对职工的人文关怀。建立健全劳动保护监督检查委员会,选聘好工会小组劳动保护检查员,深入开展"安康杯"竞赛活动,增强职工劳动安全意识,落实工会劳动保护责任。

15. 注重加强青年职工特别是新生代农民工的心理疏导,开展互帮互助和心理咨询活动,帮助他们搞好自我管理、自我调适,舒缓心理压力,提高耐挫能力,营造良好的人际关系。

六、做好劳动争议调处和纠纷化解工作

16. 建立健全企业劳动争议调解委员会,企业工会主席担任调解委员会主任。公正及时解决劳动争议,把劳动关系矛盾化解在企业。监督企业严格执行劳动法律法规,积极为职工提供法律服务,支持帮助职工进行劳动争议仲裁和诉讼。

17. 及时掌握职工思想动态,关注网络舆情对职工思想的影响,引导职工依法、理性、有序表达利益诉求,防止经济诉求政治化,企业矛盾社会化。

18. 对企业发生的集体劳动争议和群体性事件,企业工会应在第一时间深入职工群众了解情况,旗帜鲜明地代表职工反映诉求,同时向同级党委和上级工会报告。在党委政府统一领导和协调下,通过集体协商等方法,依法维护职工合法权益,防止矛盾激化。

七、加大企业工会经费保障力度

19. 企业工会依法取得法人资格,单独设立工会经费账户。税务代收工会经费实行全额征收,保证企业工会经费足额到位。

20. 小企业工会联合会在所属企业工会自愿的基础上,可以集中管理、分户使用企业工会经费。改制企业所欠的工会经费应列入债务偿还项目。

21. 实行上级工会对乡镇(街道)工会、区域性、行业性基层工会联合会经费留成或经费补贴,保障其必要的工作经费,发挥其重要的作用。

八、切实提高指导和服务企业工会工作水平

22. 各级工会要牢固树立抓基层、打基础的观念,始终把加强企业工会工作摆在重中之重的位置,进一步形成工作合力。坚持把企业工会是否具有活力、是否发挥作用，作为检查考核各级工会工作的重要标准。全总在表彰全国模范职工之家的同时，对企业工会工作成绩突出的省级工会给予奖励。

23. 坚持党建带动工建、工建服务党建。进一步推动把企业工会建设纳入党建工作规划和考核体系。推荐企业工会骨干加入党组织，推荐企业职工党员担任工会负责人。广泛开展创先争优活动，创新企业党工共建互促工作机制和活动载体。加强立法参与和政策制定工作，推动实施劳动合同法等相关法律，为开展工会工作争取更多的资源和手段。

24. 从改进工作作风入手，克服工会机关化、行政化现象，深入企业，贴近职工，加强调查研究，总结推广基层创造的工作经验。正确处理树立典型和整体推进的关系。坚持分类指导，对不同类型企业工会实施有针对性的指导服务。对一些政策性强、规范要求高、操作难度大的工作，上级工会要搞好典型示范，组织专门培训，加强具体指导。

25. 在企业工会遇到难以履行的维权职责时，上级工会要出面指导帮助解决或代行其维权职责，保护企业工会干部，提高维权工作实效。加强乡镇（街道）、村（社区）、工业园区工会工作。采取多种渠道，为乡镇（街道）工会、区域性、行业性基层工会联合会至少配备一名专职工会干部，充分发挥这一级工会直接指导服务企业工会的重要作用。

中华全国总工会关于加强和改进新形势下工会自身建设的决定

(总工发〔2010〕6号 2010年2月24日)

中华全国总工会第十五届执行委员会第三次全体会议,认真学习贯彻党的十七届四中全会精神,紧密联系工会实际,就加强和改进新形势下工会自身建设作出如下决定。

一、充分认识加强和改进新形势下工会自身建设的重要性和紧迫性

中国工会是党领导的职工自愿结合的工人阶级群众组织。长期以来,工会紧紧围绕党在不同历史时期的中心任务,从自身的性质、特点和优势出发,不断加强和改进自身建设,积极应对各种挑战和考验,推动工作创新发展,团结动员广大职工为实现党领导的伟大事业作出了重要贡献。

当今世界正处在大发展大变革大调整时期。经济全球化的深入发展,给我国发展带来新的机遇和挑战。党的十七大描绘了全面建设小康社会、加快社会主义现代化建设的宏伟蓝图,我国经济建设、政治建设、文化建设、社会建设以及生态文明建设和党的建设正在全面推进。深入贯彻落实科学发展观,促进经济社会又好又快发展,应对后

国际金融危机时期我国经济发展和职工权益面临的新情况新问题，大力发展和谐劳动关系，促进职工队伍和社会稳定，工会承担的任务和肩负的责任更加繁重。各级工会要适应新形势新任务的要求，团结动员全国各族职工充分发挥工人阶级主力军作用，在推动科学发展、维护职工权益、促进社会稳定中大有可为、大有作为，必须进一步加强和改进自身建设。

当前，工会自身建设的状况总体上同担负的任务是相适应的。同时，也存在不少不适应新形势新任务新要求的问题：一些工会干部忽视理论学习，思想不够解放，履行基本职责意识不强，缺乏用创新理论解决新情况新问题的能力；一些工会组织贯彻民主集中制不力，有的对会员和职工民主权利保障不到位，有的对上级工会决策部署执行不够有力；一些基层工会特别是非公有制企业工会组建难、基础工作不扎实、发挥作用不明显；一些工会组织存在机关化、行政化现象，有些工会干部作风不够深入扎实，服务大局、服务职工的能力和水平还不够高，等等。这些问题不同程度地削弱了工会履行基本职责的能力，削弱了工会的凝聚力，影响了与职工群众的紧密联系，必须引起高度重视，下大气力加以解决。

党的十七届四中全会对加强和改进新形势下党的建设作出战略部署，提出了推进党的建设新的伟大工程的主要任务和奋斗目标，也对新形势下加强和改进工会自身建设提出新的更高的要求。各级工会必须紧紧抓住贯彻党的十七届四中全会精神的有利时机，认真分析和把握工会自身建设面临的新形势新任务，继续以改革创新精神推进工会的思想建设、组织建设、作风建设、制度建设和反腐倡廉建设，不断提高工会自身建设科学化水平，在中国特色社会主义工会发展道路上迈出新步伐。

二、加强和改进新形势下工会自身建设的基本原则和目标要求

面对新的形势和任务，总结和运用多年来工会自身建设正反两方面的经验，加强和改进新形势下工会自身建设，应当遵循以下基本原则：

——坚持自觉接受党的领导。工会必须在党的领导下，从自身性质和特点出发，紧紧围绕和服从服务于党领导的工运事业，有组织、有领导、有计划、有步骤地推进自身建设，始终坚持自身建设的正确方向。

——坚持服务工会工作全局。工会自身建设必须围绕实现工会中心任务和工作重点来展开，为推动工会工作创新和工运事业发展提供保证。

——坚持全面履行工会各项社会职能、突出维护职能。加强和改进工会自身建设必须统筹兼顾、突出重点，有利于主动依法科学维权，切实履行工会维护职工合法权益的基本职责。

——坚持工会组织的团结统一。坚持产业和地方相结合的工会组织领导原则，全国建立统一的中华全国总工会。决不允许出现"第二工会"和所谓的职工"维权"组织。

——坚持解放思想、实事求是、与时俱进。以解放思想为先导、以改革创新为动力，在继承基础上不断推进工会自身建设的理论创新、制度创新、实践创新和工作创新，使工会自身建设始终体现时代性、把握规律性、富于创造性。

当前和今后一个时期，加强和改进新形势下工会自身建设，必须深入贯彻党的十七大和十七届三中、四中全会精神，全面落实中国工会十五大部署的任务，适应世情、国情、会情和职工队伍结构的深刻变化，着眼于切实解决工会思想认识、组织体制、运行机制、工作作风、能力素质等方面与推动科学发展、履行基本职责、促进社会和谐要求不符合不适应的问题，进一步提高工会干部运用科学理论指导工会工作的自觉性和本领；进一步扩大工会工作覆盖面、增强工会组织吸引力和凝聚力；进一步提高工会工作群众化、民主化、法制化、社会化水平，激发各级工会特别是基层工会活力；进一步改进工作作风，密切联系职工群众；进一步增强服务科学发展、服务职工群众的能力，全面提高工会自身建设科学化水平，努力把中国工会建设成为自觉接受党的领导、用中国特色社会主义理论体系武装、坚定不移走中国特色社会主义工会发展道路、能够切实代表和维护职工群众合法权益的学习型、服务型、创新型的工人阶级群众组织。

三、建设学习型工会，提高全会思想政治水平

建设学习型工会，是坚持走中国特色社会主义工会发展道路的迫切要求。必须按照科学理论武装、具有世界眼光、善于把握工会运动发展规律、富有创新精神的要求，把思想政治建设摆在首位，为加强和改进工会自身建设奠定坚实的思想政治基础。

（一）坚持用中国特色社会主义理论体系武装工会干部头脑。组织工会干部深入学习马克思列宁主义、毛泽东思想、邓小平理论、"三个代表"重要思想以及科学发展观等重大战略思想，牢固树立辩证唯物主义和历史唯物主义世界观和方法论，系统掌握中国特色社会主义理论体系，增强工会工作的原则性、系统性、预见性和创造性。党员领导干部要做真学真懂真信真用的表率。坚持开展社会主义核心价值体系学习教育，引导工会干部坚定理想信念，增强政治敏锐性和政治鉴别力，始终保持立场坚定、头脑清醒。加强思想道德建设，自觉践行社会主义荣辱观，培养高尚的道德情操和健康生活情趣，始终保持蓬勃朝气、昂扬锐气、浩然正气。

（二）坚持用中国特色社会主义工会发展道路理论指导和推动工会工作。组织工会干部深入学习领会党中央关于工人阶级和工会工作的一系列重要指示精神，准确把握中国特色社会主义工会发展道路形成的时代背景、实践基础，深刻理解其科学内涵、精神实质和基本要求。同时，运用马克思主义的立场、观点和方法，坚持继承与创新相结合、理论与实践相结合，不断深化对经济关系和劳动关系发展规律、工人阶级队伍发展规律、工人运动和工会工作发展规律的认识，增强走中国特色社会主义工会发展道路的自觉性和坚定性。

（三）坚持理论联系实际。引导工会干部把学习理论同研究解决本地区本产业本单位改革发展稳定的重大问题相结合，同研究解决职工群众最关心最直接最现实的利益问题相结合，同研究解决工会工作和自身建设中的突出问题相结合，把学习成效转化为解决问题的实际能力，努力解决制约工会工作发展的实际问题，推动工会组织体制、工作内容、运行机制和活动方式创新，努力使中国特色社会主义工会发展道路越走越宽广。

（四）努力建设学习型工会。以"创建学习型工会、争做知识型工会干部"活动为载体，努力建设学习型工会。坚持党委（党组）中心组学习制度，定期进行集中学习、理论研讨和工作务虚，工会领导干部要带头学习，成为学习型工会的精心组织者、积极促进者、自觉实践者。建立健全促进学习、保障学习的竞争机制、激励机制、创新机制和考核机制，引导工会干部牢固确立终身学习理念，形成全会重视学习、崇尚学习、坚持学习的浓厚氛围，使各级工会组织成为学习型工会组织、各级工会领导班子成为学习型领导班子。

四、着力夯实组织基础，充分发挥基层工会履行基本职责、促进劳动关系和谐的作用

基层工会直接联系、服务会员和职工群众，是工会全部工作和创造力、维权力、凝聚力的基础。抓好基层、夯实基础，充分发挥基层工会履行基本职责、促进劳动关系和谐的作用，始终是工会工作的重点。

（一）继续扩大基层工会组织覆盖面。坚持党建带动工建、工建服务党建，推动把组建工会纳入党建考核目标。切实转变建会思路，发动、依靠职工建立工会。规范建会程序，提高建会质量，建立工会组建工作长效机制。抓住重点、突破难点，继续推进非公有制企业、社会组织、社区（村）等基层工会组织建设，广泛吸纳包括农民工、劳务派遣工在内的职工加入工会，进一步提高单位建会率与职工入会率。坚持组建工会的同时建立工会女职工组织。创新组织形式，积极推进建立区域性、行业性基层工会联合会（联合基层工会），充分发挥乡镇、街道、工业园区工会在组织建会中的重要作用，推进构建城乡统筹的基层工会建设新格局，进一步健全"小三级"工会组织网络。切实加强县（市、区）以下行业工会建设。加强机关和事业单位工会组织建设。在企业改制重组中，不得撤销工会组织或将工会机构合并到其他部门，已撤销合并的，必须坚决予以纠正。充分利用现代信息化手段，加强会员会籍管理，逐步建立全国工会会员信息库。全面推进基层工会法人资格登记工作，落实基层工会法人地位。进一步推行会员优惠办法，拓宽优惠渠道，增强工会组织的吸引力、凝聚力。

（二）依法选好配强基层工会主席。依照法律和工会章程以及《企业工会主席产生办法（试行）》，改进基层工会主席候选人提名方式，完善选举办法和程序，把政治素质好、履职能力强、能够为会员和职工群众说话办事的人选拔到基层工会主席岗位上来。推荐工人党员担任工会骨干，推荐工会骨干加入党组织。推进聘任职业化工会主席候选人工作。区域性、行业性基层工会联合会（联合基层工会）至少配备一名专职工会主席（副主席）或专职工会工作人员。企业行政负责人、合伙人及其近亲属、人力资源部门负责人不得作为本企业工会委员会成员的人选。对不符合规定的,要结合换届予以纠正。有组织、有计划、有步骤地稳步推进基层工会主席直接选举工作。建立健全上级工会保护基层工会主席合法权益制度,设立工会主席权益保障金,支持基层工会主席依法维权。从思想、工作和生活上关心基层工会干部,有条件的地方可给予基层工会主席一定的岗位补贴。开展区域性、行业性工会联合会主席(副主席)工资由工会分级负担的试点工作。加大对生活困难基层工会干部的帮扶力度。评选表彰优秀工会工作者等,应优先考虑优秀的基层工会主席。

(三)不断推进基层工会工作创新。企业工会要按照促进企业发展、维护职工权益的原则,找准开展活动、发挥作用的着力点,不断增强工会活力。探索中央企业工会工作的领导方式,健全和完善中央企业工会组织领导体制。跨地区企业集团工会对本地区所属单位工会实行直接领导,对跨地区所属单位工会实行企业所在地总工会和集团工会双重领导,以企业所在地总工会领导为主,工会经费上解渠道不变。企业工会、新社会组织工会、机关事业单位工会要突出工作重点,建立维权机制,着力解决会员和职工群众最关心、最直接、最现实的利益问题。深入推进"双措并举、二次覆盖",充分发挥区域性、行业性基层工会联合会(联合基层工会)破解"维权难"的作用。继续探索解决乡镇(街道)工会经费保障问题。帮助非公有制企业工会落实专职工会干部、解决办公设备、活动场所等实际困难，保证其正常开展工作。加强少数民族地区、边远贫困地区工会工作，维护各民族职工团结，促进社会和谐稳定。

（四）深入开展建设职工之家活动。按照组织健全、维权到位、工作规范、作用明显、职工信赖的要求，深入推进建家活动，丰富建家内容，拓展建家领域，改进建家方式。在基层工会开展创建职工之家活动，从整体上激发基层工会参与创建活动的内在动力，加强区域性、行业性基层工会联合会（联合基层工会）建家工作。按照《关于开展会员评议职工之家活动的意见》，广泛开展会员评家活动，把建家的评判权真正交给会员群众。坚持和完善建家工作激励约束机制。定期评选表彰全国模范职工之家，提高非公有制企业工会在评选表彰中的比例。

五、坚持和完善民主集中制，积极发展工会内部民主

民主集中制是工会的根本组织制度。要建立健全以《工会法》和《中国工会章程》为根本、以民主集中制为核心的制度体系，增强制度建设的系统性、协调性和科学性，保障工会组织的团结统一。要切实保障会员民主权利，以加强基层工会民主为基础，广泛凝聚全会的意志，增强工会的创造活力。

（一）坚持和完善民主集中制。健全完善各级工会委员会议事规则，明确议事决策范围和程序。完善主席团（常委会）向执委会（全委会）报告工作制度，探索推行市、县两级会员代表列席同级全委会制度。完善工会民主决策机制，发挥委员会对重大问题的决策作用，提高科学决策、民主决策、依法决策水平。健全决策失误纠错机制和责任追究制度。坚持把上级工会的部署要求与发挥下级工会的积极性统一起来，把局部利益与全局利益统一起来，自觉维护工会组织的团结统一。

（二）保障会员主体地位和民主权利。以落实会员知情权、参与权、监督权、选举权为重点，依靠会员开展工会工作，进一步提高会员对工会事务的参与度，充分发挥会员的主体作用。保障会员各项民主权利，建立会员意愿表达机制，通过各种形式，拓宽会员意见表达渠道，营造工会内部民主讨论、民主监督的环境。加强会员教育，增强会员意识，引导会员正确行使民主权利。健全基层工会的各项民主生活制度，充分体现会员群众意愿，保持工会与会员的密切联系。

（三）完善会员（代表）大会制度。坚持和完善工会委员会向会员（代表）大会报告工作制度，凡涉及会员利益的大事和工会重大活动及重要事项，要由会员（代表）大会讨论决定。基层工会会员（代表）大会每年至少召开一次，不得以职代会代替会员（代表）大会。小型企业工会一般召开会员大会。推进建立区域性、行业性工会联合会会员代表大会制度。基层工会会员代表大会代表实行常任制，优化代表结构，提高代表素质，建立会员代表提案制度，组织代表开展活动。探索县（市、区）级工会代表大会代表常任制，保证代表在整个任期内履行职责、发挥作用。要把坚持和完善会员（代表）大会制度作为评估基层工会规范化建设的重要内容。健全基层工会内部情况通报制度，推进会务公开。基层工会要将工会经费收支情况等向全体会员公开，接受会员监督。

六、提高干部队伍素质，加强工会领导班子和干部队伍建设

以提高服务科学发展、服务职工群众能力为目标，采取切实有效措施，努力建设一支政治坚定、业务扎实、作风过硬、廉洁自律的高素质工会干部队伍。

（一）坚持党管干部原则，深化工会干部人事制度改革。坚持民主、公开、竞争、择优方针，把握科学化、民主化、制度化的正确方向，形成充满活力的选人用人机制，促进优秀人才脱颖而出，推进工会干部知识化、年轻化、专业化。坚持德才兼备、以德为先用人标准，不断提高选人用人公信度和职工群众满意度。建立健全主体清晰、程序科学、责任明确的干部选拔任用提名制度，完善公开选拔、竞争上岗等选拔干部方式，推进干部工作信息公开，匡正选人用人风气，形成风清气正的用人环境。建立和完善工会领导班子和领导干部考核评价机制，形成各有侧重、各具特色的考核内容和考核指标体系。健全工会干部管理机制，深化干部分类管理改革。建立工会领导干部问责制度。推进工会干部对外交流及内部轮岗交流。坚持严格要求与关心爱护相结合，关心工会干部成长，为工会干部开展工作创造良好环境和条件。

（二）完善工会干部管理制度，选好配强工会领导班子。积极协助地方党委和组织部门，选好配强工会领导班子，优化工会领导班子整体结构，提高领导班子整体素质。

抓住工会干部协管工作的重点环节，建立健全工会干部协管制度和程序，推进工会干部协管工作的规范化、制度化。按照下管一级的原则，积极主动与地方党委组织部门加强沟通、联系，建立和完善联合考察制度，工会领导班子换届、工会主要负责人调整、工会领导班子存在突出问题时必须考察。积极协助各地党委落实好中共中央〔1989〕12号文件关于经济发达、职工人数多的地方工会党员主要负责人提名为党委常委候选人的规定，选好配强工会主要负责人。大力推进市（地）、县（区）总工会主席按同级党委常委或党政副职配备工作。积极参与工会干部考核工作，向党委和组织部门推荐优秀工会干部。要按照《工会法》《中国工会章程》等有关规定，做到任期届满按时换届，上级工会要及时对下级工会予以指导。

（三）以提高培训质量和效率为重点，积极推进工会干部教育培训的改革创新。发挥工会大学校作用，全面推进工会干部教育培训理念、内容、方式和体制机制的改革创新。以岗位培训为基础，以专业人才培训为重点，贯彻理论联系实际、学用一致、按需施教的原则，切实增强工会干部推动科学发展、促进社会和谐的能力，组织、宣传、教育、服务职工的能力，协调劳动关系、依法维权的能力，善于运用、引导新兴媒体的能力，应对和处置群体性突发事件的能力，全面提高做好新形势下工会工作的本领。建立自主选学与组织调训相结合的干部参训机制和干部教育培训实效考核评估制度，充分激发干部参加培训的内在动力。新任工会主席要做到当年上岗当年培训。切实加大非公有制企业工会干部培训工作力度，积极开展远程教育。认真总结经验，严格教学管理，加强院校建设和师资队伍建设，不断提高教学质量，充分发挥工会干部院校培养造就高素质工会干部的作用。保证工会干部教育培训经费。

（四）注重党性修养和实践锻炼，扎实抓好年轻干部培养选拔工作和后备干部队伍建设。以轮岗交流和实践锻炼为重要手段，有计划地选送年轻干部到基层锻炼，提高做好工作的本领。积极协助各级党委做好培养选拔优秀年轻干部和后备干部的工作，实现领导班子年龄结构的梯次配备和新老干部的正常交替。

七、进一步改进作风，密切与职工群众的联系

加强新形势下工会干部特别是领导干部作风建设，关系到工会能否担当好党联系职工群众桥梁纽带的重大问题。必须防止和克服工会组织行政化、机关化倾向，切实解决一些工会干部脱离会员和职工群众的问题。

（一）坚持求真务实。大兴求真务实之风，真正做到真抓实干、开拓创新。坚持说实话、办实事、出实招、求实效，反对华而不实、虚报浮夸；坚持知难而进、攻坚克难，多做打基础、利长远的工作，反对作风漂浮、形式主义、作表面文章；坚持从实际出发，创造性地开展工作，反对照搬照抄、敷衍应付；精简会议文件，大力整治会风、文风，提倡开短会、讲短话、写短文，解决繁文缛节、评比达标表彰过滥的问题。要敢于和善于向党政和上级工会及时反映职工权益的真实情况，提出工会的主张和建议，做到不唯书、不唯上，只唯实。

（二）坚持深入基层。工会领导机关要坚持工作重心下移，始终把工作重点放在基层，做到人往基层走、劲往基层使、钱往基层用，以职工是否满意、基层是否有活力作为检验工作的重要标准。创新联系基层、联系会员和职工群众方式，建立下基层调研、建立联系点等制度，深入基层，深入群众，真诚倾听他们的呼声，掌握基层和职工的真实情况，着力解决他们迫切需要解决的问题。下基层要坚持轻车简从，不搞层层陪同，减轻基层负担。

（三）加强调查研究。适应时代发展和社会生活的变化，深入研究工会工作面临的新情况新问题，探索新形势下做好工会工作的新思路新办法。抓住制约和影响工会工作发展的突出问题，摸清症结，寻求突破的途径和办法。尊重基层的首创精神，注重总结和推广基层的新鲜经验，不断推进工会工作的创新发展。

（四）加强党风廉政建设。必须把加强党性修养、反对腐败、勤政廉政建设作为重大政治任务来抓，切实加强反腐倡廉工作。加强廉洁从政教育，强化工会干部党性党风党纪观念，领导干部要带头廉洁自律，严格执行党风廉政建设责任制及其他各项规定，自觉约束个人行为，自觉接受群众监督，有效预防腐败。按照节俭、高效、廉洁的原则，严格公务接待和公务消费，严格经费管理制度，进一步控制办公经费，优化工会经费支出结构，把有限的资金和资源更多地用于为基层、为职工服务。健全监督机制，开展会务公开工作，进一步加强工会经费、工会资产以及工程项目建设的审查审计监督工作，坚决查处工会经费使用、资产管理运作、工会企事业经营活动中的违法违纪案件。加强工会组织内党的建设，充分发挥工会党组的领导核心作用、基层党组织的战斗堡垒作用和党员的先锋模范作用。

八、切实加强领导，确保工会自身建设取得更大成效

加强工会自身建设，事关工会工作全局。各级工会必须高度重视，切实加强领导，落实责任，扎实有效地加以推进。

（一）统一思想认识，加强组织领导。各级工会要站在全局和战略的高度，把加强和改进工会自身建设列入重要议事日程。主要领导切实履行第一责任人的职责。要制定规划、分步实施，扎实推进、务求实效，及时研究解决存在的问题，形成各级工会主要领导亲自抓、各部门齐抓共管、一级抓一级、层层抓落实的工作格局。

（二）明确目标责任，建立长效机制。认真落实工会自身建设工作责任制，明确工作目标，采取有效措施，落实各项任务。建立健全工会自身建设各项工作制度，形成长效机制，确保各项工作落到实处。完善工会自身建设工作考核综合评价体系，加强监督检查，把工会自身建设成效作为考核工会领导班子和领导干部的重要内容。

（三）强化维权基本职责，增强工会吸引力和凝聚力。加强和改进新形势下工会自身建设，最终要落实到工会主动依法科学维护职工合法权益、推动发展和谐劳动关系上来。各级工会维权声音要更响一些，措施更实一些，力度更大一些。要坚持以维护职工合法权益的实际举措，积极回应职工的期待，并以此检验工会加强和改进自身建设取得的实际成效。

（四）加强工作指导，提高工会自身建设科学化水平。各级工会领导机关要及时研究自身建设的新情况、新问题，总结新经验，加强分类指导，不断认识和把握工会自身建设规律，为加强和改进新形势下工会自身建设提供科学指导。工会报刊、网站等宣传媒体要加大宣传力度，为加强和改进工会自身建设创造良好氛围。

各级工会要在以胡锦涛同志为总书记的党中央坚强领导下，高举中国特色社会主义伟大旗帜，坚定不移地走中国特色社会主义工会发展道路，不断推进工会自身建设，努力开创工会工作新局面，团结动员全国各族职工为全面建设小康社会、构建社会主义和谐社会作出更大的贡献！

中华全国总工会关于坚决纠正在企业改革改制中撤销工会组织、合并工会工作机构问题的通知

（总工发〔2009〕48号 2009年10月30日）

各省、自治区、直辖市总工会，各全国产业工会，中共中央直属机关工会联合会，中央国家机关工会联合会：

　　为了认真贯彻党的十七届四中全会精神，贯彻落实《工会法》等有关法律法规，坚决纠正一个时期以来一些国有企业在改革改制过程中，随意撤销工会组织或将工会工作机构合并归属到其他工作部门的错误做法，保证企业工会在党的领导下独立自主、创造性地开展工作，现将有关事项通知如下。

　　一、充分认识健全企业工会组织的重要性和紧迫性

　　近几年来，在各级党组织和行政的高度重视和大力支持下，在各种所有制企业中，工会工作覆盖面不断扩大，工会组织凝聚力不断增强，在促进企业发展、维护职工权益、构建和谐劳动关系等方面发挥着越来越重要的作用。但是，一些国有企业在改革改制过程中，出现了工会组织被撤销、工会工作机构被合并到党群工作部、工会专职工作人员被大量裁减等现象。这种做法，严重削弱了企业工

会组织，严重影响了企业工会工作，致使企业管理者与职工群众的沟通渠道不畅通，劳动关系矛盾得不到及时调处和化解，成为导致群体性事件发生的重要原因之一，严重影响了企业和社会的和谐稳定。各级工会特别是国有企业工会必须充分认识企业改革改制中健全工会组织的重要性和必要性，认清撤销工会组织、合并工会工作机构的危害，统一思想认识，采取有效措施，坚决纠正并遏制撤销工会组织、合并工会工作机构的现象。

二、要始终坚持在党的领导下依法独立自主地开展工作

中国共产党是领导中国特色社会主义事业的核心力量，是中国工人阶级的先锋队，同时是中国人民和中华民族的先锋队。工会是工人阶级自愿结合的群众组织，是党联系职工群众的桥梁和纽带，是职工利益的代表者和维护者。工会必须自觉接受党的领导，在党的统一领导下开展工作。由于工会与党的性质不同，其群众性与党的先进性要求不同，工会必须要有相对的独立性，不能等同于党委的一个工作部门，否则不利于加强和改善党对工会工作的领导，也不利于充分发挥工会组织的作用。《工会法》第四条明确规定：工会必须坚持中国共产党的领导，依照工会章程独立自主地开展工作；第十二条明确规定：任何组织和个人不得随意撤销、合并工会组织。《中共中央关于加强和改善党对工会、共青团、妇联工作领导的通知》明确指出，党组织应当支持工会按照法律和章程，执行上级组织的决议，独立自主地、创造性地开展工作。不得把工会的机构撤销、合并或归属于其他工作部门。党中央三代领导集体和以胡锦涛同志为总书记的党中央,都深刻地阐明了加强和改善党对工会工作的领导与工会按照法律章程独立自主开展工作的辩证关系,要求工会从自身的性质和特点出发,在党的领导下,依法突出维护职能,全面履行各项社会职能。要求各级党委要加强和改善对工会工作的领导,支持工会依照法律和章程独立自主开展工作,充分发挥工会组织的重要作用。因此,在企业改革改制中撤销工会组织、合并工会工作机构的做法,不符合法律规定和党中央的有关要求,必须坚决予以纠正。

三、要坚决纠正撤销工会组织、合并工会工作机构的错误行为

当前,我国改革发展进入关键阶段,工会在协调劳动关系、维护职工合法权益中的地位更加突出,责任更加重大,工会工作只能加强,不能削弱。各级工会要积极争取党委的领导和支持,切实做好抓基层、打基础工作,坚决纠正国有企业在改革改制中撤销工会组织、合并工会工作机构的错误做法。

要加强调查研究和分类指导。对企业正在实施改革改制的,要加强源头参与,跟踪做好企业工会组织的整改、重建工作,切实做到企业改革改制到哪里,工会组织就建到哪里;对在企业改革改制中撤销工会组织或将工会工作机构合并到党群工作部或其他工作部门的,要逐个摸清情况,逐个予以纠正,保证工会组织健全,独立设置工作机构;对在企业改革改制中随意减少工会专职工作人员的,要按照规定比例配备充实专职工会工作人员，保证工会工作人员队伍的相对稳定。

企业工会要大力宣传有关法律规定，宣传工会在党的领导下独立自主开展工作的组织保障、工作特点、工作机制等有关规定，不断提高自身建设水平。国有企业特别是中央企业工会要发扬优良传统，带头落实整改工作，切实纠正存在的问题。

各级工会要建立领导责任制，明确分工，落实责任，确保纠正改革改制中撤销工会组织、合并工会工作机构工作落到实处。所有国有企业，凡工会工作机构并入党群工作部的，要在2009年12月底前全部实现独立设置。在劳动模范、五一劳动奖状、奖章、劳动关系和谐企业等各类评先评优中，对在企业改革改制中撤销工会组织、合并工会工作机构并未坚决纠正的，要实行"一票否决"。全总将就各地整改情况进行专项检查，并通报整改工作情况。

请各省（区、市）总工会于2010年1月15日前，将整改情况报全总基层组织建设部。

中华全国总工会关于加强小企业工会联合会建设的意见

(总工发〔2009〕46号 2009年9月29日)

为了进一步加强小企业工会联合会建设,切实发挥其推动建立健全工会组织、维护职工合法权益的作用,根据《工会法》《中国工会章程》的规定,提出如下意见。

一、加强小企业工会联合会建设的重要性和必要性

(一)随着我国工业化、城镇化进程的加快和产业结构的调整,小企业的数量迅猛增加,小企业从业人员已占从业人员总数的3/4以上,小企业工会约占全国基层工会总数的80%以上。目前,小企业职工流动性大,管理不太规范,劳资矛盾多发。一些小企业工会组建不规范、制度不健全,难以充分发挥作用。同时,县级工会人员少、任务重,面对越来越多的小企业工会难以实施有效的指导和服务。

(二)各地工会多年来的实践表明,在县以下建立多种形式的区域性、行业性小企业工会联合会,面向社会公开招聘专职工会工作者,有利于优化工会组织形式,保障工会人力、物力资源,扩大小企业工会组织的覆盖面,提高工会组织的凝聚力。

(三)加强小企业工会联合会建设,改变小企业工会建设的薄弱状况，夯实中国特色社会主义工会的组织基础，切实维护好职工合法权益，是贯彻落实"组织起来、切实维权"工会工作方针，加强工会基层组织建设的重要举措，也是当前积极应对国际金融危机、维护稳定、服务大局的需要。各地工会要从全局和战略高度，统一思想，提高认识，采取措施，进一步加强小企业工会联合会建设。

二、小企业工会联合会组建的原则和方法

（四）小企业工会联合会（以下简称联合会），是由两个以上企业工会委员会（含联合基层工会），按照地域相近、行业相同的原则，在县以下联合建立的区域性或行业性工会组织。

（五）小企业工会联合会，应当遵循联合制、代表制的原则建立。

（六）联合会委员数额可以根据工作实际需要确定，由联合会的专职工作人员和所属小企业工会主席担任，所属小企业工会数量较多的，可以由所属小企业工会主席民主推举代表担任。联合会可根据工作需要，吸收工商、税务等相关方面的代表参加。

建立联合会的同时，建立联合会女职工委员会。

（七）联合会主席、副主席可以由全体委员选举产生，也可以由联合会下属各小企业工会联合组成会员（代表）大会选举产生。

（八）每个联合会原则上至少要配备一名专职工作人员，会员人数较多的应适当增加配备人数。联合会专职工作人员一般应作为工会主席、副主席人选。要积极通过向社会公开招聘职业化工会工作者、争取社会公益性岗位、下派工会机关干部代职、争取人员编制等多种途径，为联合会配备专职工作人员。

（九）联合会下属有会员25人以上的企业应当建立基层工会委员会，不足25人的可以单独建立基层工会委员会，也可以由两个以上企业的会员联合建立基层工会委员会。

（十）坚持因地制宜，分类指导，从本地区小企业工会组织的分布、数量以及会员人数等实际状况出发，科学合理确定联合会覆盖的范围。

（十一）企业数量和职工人数较少的乡镇、街道，可依法按照联合制、代表制原则建立健全联合会。

已建立乡镇、街道总工会的，以社区、村、龙头企业等单位为依托建立健全联合会。

三、小企业工会联合会的工作职责和制度

（十二）联合会的基本职责是：负责本区域本行业内小企业工会组建和发展会员工作；推动建立区域性、行业性平等协商、集体合同制度和职工代表大会制度，承担本区域、行业职工代表大会工作机构的职责，监督集体合同的履行和职工代表大会决议的执行；推动建立劳动争议调解组织，参与协调处理劳动争议，为所属企业工会和职工提供法律服务；培训所属企业工会干部，支持他们依法履行职责，维护其合法权益；组织开展建设职工之家、"双爱双评"等活动，不断提高基层工会工作水平；代行所属基层工会难以履行的维权职责。

（十三）联合会要发挥联系基层紧密的特点和优势，按照工会民主化、群众化的要求，建立健全联合会委员会定期会议、企业职工代表定期联系会议等各项会议制度，组织所属基层工会开展活动，切实代表和维护所属企业职工和会员的利益。

（十四）要保障联合会的工作活动经费。上级工会可以通过经费补助、争取财政补助等方式，为小企业工会联合会提供经费保障。也可以在自愿的基础上，由所属基层工会按照一定比例共同承担联合会的工作经费。

（十五）立足当前，着眼长远，建立健全社会化、职业化工会工作者招聘选用、工作职责、管理考核、福利待遇等相关制度，用创新的方法解决遇到的困难和问题，关心他们的成长进步，帮助他们解决实际问题，保护和调动他们的工作积极性。

（十六）联合会主席、副主席、委员对涉及职工切身利益和维护职工合法权益问题推诿、搪塞、不作为的，上级工会应责令其改正，情节严重的可以按照有关规定予以罢免。

四、切实加强对小企业工会联合会建设的组织领导

（十七）坚持党委对建立联合会工作的领导，把这项工作与加强企业党组织建设紧密结合起来。积极争取政府的支持，借助政府相关部门的力量推进工作。

（十八）加强联合会建设工作，政策性强，涉及面广，新问题多，上级工会要高度重视，加强指导、检查和考核。县级工会要抓好具体贯彻落实工作，明确工作责任，制定工作目标，切实推进联合会建设。

（十九）各级工会要将小企业工会联合会建设工作作为工会基层组织建设工作的重要内容，纳入年度工会组建和发展会员考核工作，充分运用激励约束机制推进工作。

（二十）要坚持创新与借鉴相结合，深入调查研究，树立先进典型，总结推广经验，扩大舆论宣传，切实推进联合会建设。

中华全国总工会关于组织劳务派遣工加入工会的规定

(总工发〔2009〕21号 2009年4月30日)

一个时期以来,由于一些派遣单位与用工单位职责不清,相互推诿,相当数量的劳务派遣工还没有组织到工会中来。为最大限度地把包括劳务派遣工在内的广大职工组织到工会中来,切实维护其合法权益,根据《工会法》《中国工会章程》的相关规定,现对组织劳务派遣工加入工会作出以下规定:

1. 劳务派遣单位和用工单位都应当依法建立工会组织,吸收劳务派遣工加入工会,任何组织和个人不得阻挠和限制。劳务派遣工应首先选择参加劳务派遣单位工会,劳务派遣单位工会委员会中应有相应比例的劳务派遣工会员作为委员会成员。劳务派遣单位没有建立工会组织的,劳务派遣工直接参加用工单位工会。

2. 在劳务派遣工会员接受派遣期间,劳务派遣单位工会可以委托用工单位工会代管。劳务派遣单位工会与用工单位工会签订委托管理协议,明确双方对会员组织活动、权益维护等的责任与义务。

3. 劳务派遣工的工会经费应由用工单位按劳务派遣工

工资总额的百分之二提取并拨付劳务派遣单位工会，属于应上缴上级工会的经费，由劳务派遣单位工会按规定比例上缴。用工单位工会接受委托管理劳务派遣工会员的，工会经费留用部分由用工单位工会使用或由劳务派遣单位工会和用工单位工会协商确定。

4. 劳务派遣工会员人数由会籍所在单位统计。加入劳务派遣单位工会的，包括委托用工单位管理的劳务派遣工会员，由劳务派遣单位工会统计，直接加入用工单位工会的由用工单位工会统计。

5. 劳务派遣单位工会牵头、由使用其劳务派遣工的跨区域的用工单位工会建立的基层工会联合会，不符合建立区域性、行业性基层工会联合会的规定，应予纠正。

6. 上级工会应加强督促检查，切实指导和帮助劳务派遣单位和用工单位工会做好劳务派遣工加入工会和维护权益工作。

图书在版编目（CIP）数据

基层工会组建流程图示与范例 / 基层工会组建流程图示与范例（第2版）编写组编. —2版. —北京：中国工人出版社，2020.10

（工会工作实务操作流程丛书）

ISBN 978-7-5008-7502-4

Ⅰ.①基⋯ Ⅱ.①基⋯ Ⅲ.①基层组织－工会工作－组织工作－中国 Ⅳ.①D412.61

中国版本图书馆CIP数据核字（2020）第202279号

基层工会组建流程图示与范例（第2版）

出 版 人	王娇萍
责任编辑	安 静 王 璇
责任印制	栾征宇
出版发行	中国工人出版社
地 址	北京市东城区鼓楼外大街45号 邮编：100120
网 址	http://www.wp-china.com
电 话	（010）62005043（总编室）
	（010）62005039（印制管理中心）
	（010）82075935（工会与劳动关系分社）
发行热线	（010）62005996 82029051
经 销	各地书店
印 刷	北京市密东印刷有限公司
开 本	880毫米×1230毫米 1/32
印 张	6.375
字 数	110千字
版 次	2021年3月第2版 2024年5月第5次印刷
定 价	34.00元

本书如有破损、缺页、装订错误，请与本社印制管事中心联系更换
版权所有 侵权必究